融合型·新形态教材
复旦学前云平台 fudanxueqian.com

U0710838

普通高等学校
早期教育专业
系列教材

0~3岁
儿童动作发展与训练

总主编 陈雅芳

主 编 陈春梅

副主编 吴聿霖 杨清美

编 者（按姓氏笔画排列）

　　许环环　陈春梅　杜珍珍　何立航

　　吴聿霖　杨清美　林阿虹

复旦大学出版社

内容提要

儿童最初的智力是以感觉动作开始的，动作是构造智力大厦的砖瓦。0～3岁儿童动作的发展与心理的发展有密切关系，动作促进心理的发展，早期动作的发展水平在某种程度上标志着儿童心理发展的水平。

本书反映当前早期教育的发展趋势、儿童动作发展特点，适合幼儿师范学校学生的年龄特征、个性特点、知识结构和发展水平，结合早教活动特点、亲子园教育活动实践的要求，提出适合专业知识与实践能力的训练方法，设计具体游戏活动案例并配以图片说明供家长选择使用，形象生动，适用性较强。

本书紧扣课程思政要求，立足"岗课赛证"综合育人模式，着力培养学生的思想品德、实践能力和创新意识，树立正确的儿童观、人生观，倡导积极向上、团结协作、诚实正直的品格养成。

本书可作为早期教育的专业教材，也适用于早教中心、亲子园、亲子俱乐部、儿童活动中心等机构，还可为家长科学育儿提供参考用书。本书配有教学课件，可登录复旦学前云平台免费下载：www.fudanxueqian.com。

编 审 委 员 会

总主编
陈雅芳

副总主编
颜晓燕

编委会成员
王颖蕙　徐华莉　陈春梅　曹桂莲　严碧芳
许环环　刘丽云　刘婉萍　裴殿玲　洪美芬

复旦学前云平台
数字化教学支持说明

为提高教学服务水平，促进课程立体化建设，复旦大学出版社学前教育分社建设了"复旦学前云平台"，为师生提供丰富的课程配套资源，可通过"电脑端"和"手机端"查看、获取。

【电脑端】

电脑端资源包括 PPT 课件、电子教案、习题答案、课程大纲、音频、视频等内容。可登录"复旦学前云平台"www.fudanxueqian.com 浏览、下载。

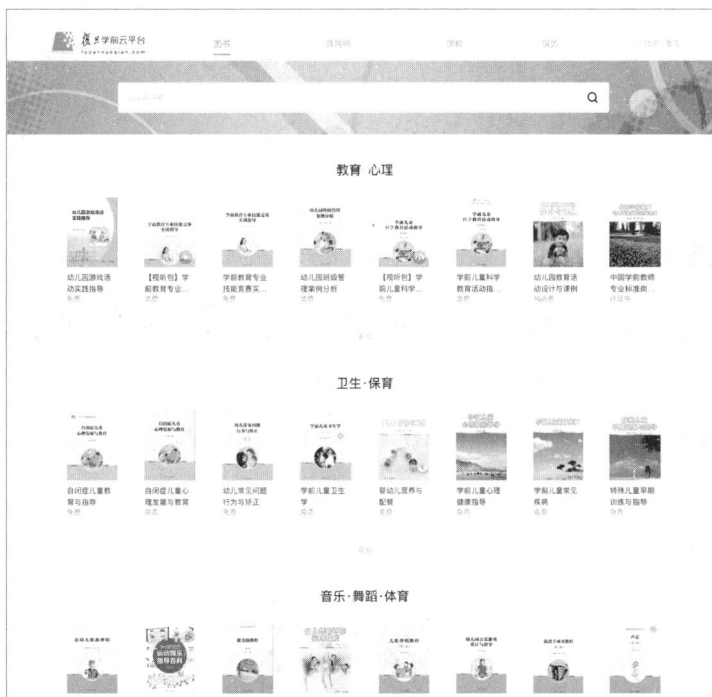

Step 1 登录网站"复旦学前云平台"www.fudanxueqian.com，点击右上角"登录 / 注册"，使用手机号注册。

Step 2 在"搜索"栏输入相关书名，找到该书，点击进入。

Step 3 点击【配套资源】中的"下载"（首次使用需输入教师信息），即可下载。音频、视频内容可通过搜索该书【视听包】在线浏览。

【手机端】

PPT 课件、音视频、阅读材料：用微信扫描书中二维码即可浏览。

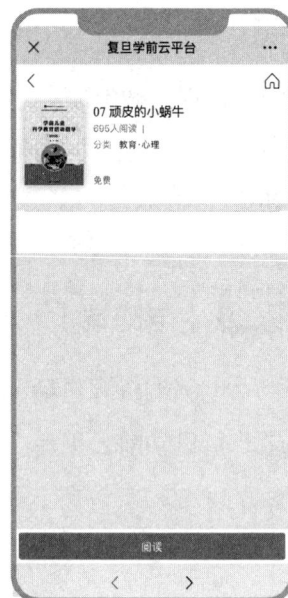

扫码浏览

【更多相关资源】

更多资源，如专家文章、活动设计案例、绘本阅读、环境创设、图书信息等，可关注"幼师宝"微信公众号，搜索、查阅。

平台技术支持热线：029-68518879。

"幼师宝"微信公众号

前言

脑科学研究表明婴幼儿早期潜能开发对人的终身发展有十分深远的影响。儿童最初的智力是以感觉动作开始的,动作是活动的基本单位,是构造智力大厦的砖瓦。婴幼儿动作的发展与心理的发展有密切关系,早期动作的发展水平在某种程度上标志婴幼儿心理发展的水平,同时,动作的发展又可以促进心理的发展。为此要特别重视婴儿期的动作发展研究。

本教材落实立德树人根本任务,在课程中融入传统儿歌、民间游戏等元素,使学生在学习专业知识的同时热爱中华传统文化,以人为本,培养良好的职业道德和职业素养。本教材的编撰反映当前早期教育的发展趋势、婴幼儿动作发展特点;适合早教专业学生的年龄特征、个性特点、知识结构和发展水平;结合早教活动特点、亲子教育活动实践的要求,使学生能掌握专业知识,提高专业教学实践能力;通过通俗易懂的科学理论结合实际操作方法,设计具体游戏活动案例供家长选择使用,适用性较强。立足于家长水平、学生实际是教材建设最重要的背景和最基本的现实。

本书共有六章,包括0~3岁儿童动作发展概述、0~1岁婴儿动作发展与训练、1~2岁儿童动作发展与训练、2~3岁儿童动作发展与训练、0~3岁儿童动作发展的观察评价、0~3岁儿童动作发展障碍与调适。本书还提供具体生动的案例导入、典型实践经验的育儿宝典、家长困惑和争议的具体问题等内容供学生和家长学习使用。

本书第一章由许环环编写,第二章由陈春梅和吴聿霖编写,第三章由杨清美、杜珍珍编写,第四章由陈春梅和林阿虹编写,第五章由陈春梅编写,第六章由何立航编写。

陈春梅担任本书主编负责统稿,副主编吴聿霖参与统稿,总编写组负责审稿和定稿。感谢本套丛书编写团队的支持,感谢陈雅芳总主编的指导。

目 录

第一章 0～3岁儿童动作发展概述

动作是人类生存和生活的一种基本能力,也是人早期与外界环境相互作用的主要手段之一,是个体进行各种活动所不可缺少的,因而动作发展是人体早期发展的重要领域。动作在个体早期心理发展如感知觉、注意、记忆、思维、情感、自我意识和社会适应等方面起到重要的作用,动作是心理活动的外部表现,是儿童早期发展水平的客观指标。

第一节 0～3岁儿童动作发展的类型和规律

案例导入

宝宝已经5个月大了,如果妈妈将他喜欢的玩具放在他前面,趴在床上的他会支撑身体用手去够玩具。妈妈将玩具抬高,他也会抬高身体去拿。有时他会翻身,他的躯干从仰卧变成侧卧,然后变为俯卧。当妈妈把小铃拿到他面前摇晃时,他会伸手去抓,然后放入嘴中。[1]

一、动作发展的界定

儿童动作发展包括身体的协调和手眼动作的协调两个方面。身体所有的动作都是在神经系统的调节和控制下,通过运动器官来完成的。运动器官由骨骼、关节、肌肉(骨骼肌)组成。肌肉收缩时带动关节及骨骼完成一定动作。每一种身体动作都是多块肌肉协同活动的结果,一些肌肉收缩,一些肌肉舒张,相互配合完成一个或多个动作。例如,咀嚼动作需要口腔脸颊部的咀嚼肌和下颌关节的活动。因此,动作发展必然包括以下三个方面:1.动作发展即动作协调,动作协调就是肌肉之间同时、复合的运动;2.动作发展即感觉器官参与运动器官的协调一致的程度;3.动作发展与心理发展密不可分。

---

[1] 周念丽.0～3岁儿童观察与评估[M].上海:华东师范大学出版社,2013.

二、儿童动作发展的类型

动作包括随意动作,如穿衣系鞋带,也包括不随意动作,如胃肠蠕动;既包括全身运动,如打球、游戏,也包括局部运动,如咀嚼和吞咽;除显著的运动外,还有极轻微的运动,如眨眼等。

本教材论述的动作主要是随意动作,随意动作是指在神经系统的调节下,运动器官的活动。随意动作包括全身的大动作和精细动作。全身动作主要有走、跑、跳、攀登、爬钻、翻滚等身体动作,精细动作主要是指手的动作。婴儿的先天反射运动是以后婴儿随意运动的基础,而且对婴儿运动发展有一定的影响,因此,下面先对先天反射运动和全身运动、精细运动进行介绍。

(一)先天反射性动作

先天性反射动作是婴儿与生俱来的本能,是不学而会的。这是一种低级的适应性神经反射,由大脑皮层以下的神经中枢(如脑干、脊髓)参与完成。正常的新生儿都具有完善的非条件反射。除了维持生命和保护神经的反射如眼角膜、结合膜反射、瞳孔反射、吞咽反射等终身存在以外,新生儿尚有一些特殊的神经反射,这些先天反射性动作随着生长发育会逐渐消失。

1. 常见的几种先天性反射动作[①]

(1)抓握反射

抓握反射又称握持反射、掌心反射、达尔文反射。新生儿在安静清醒的状态下,用物或手指触碰新生儿的手掌心时,新生儿会紧紧地抓住不放。此反射在儿童出生后3～4个月消失,其机能为今后有意识抓握物品打下基础。

(2)吸吮反射

新生儿在安静状态下,当乳头、手指或其他物品触及新生儿嘴、舌时立即出现吸吮动作,此反射约持续到4～7个月时消失,但夜间可持续至1岁。吸吮反射机能使新生儿自动化吸奶得以生存。

(3)觅食反射

当用手轻触面颊或嘴角时,新生儿会转头朝向触侧觅食,并同时出现张嘴、吮吸的动作。此反射在3～4个月时会自动消失,其机能是帮助新生儿寻找乳头。

(4)拥抱反射

当突发巨响声或头部突然向下坠落时,新生儿出现两手张开,四肢伸直外展,然后双臂屈曲向胸前作拥抱状。此反射在4～6个月时消失,其机能是抱住自己身体。

(5)踏步反射

用双手扶持新生儿腋下呈直立状,使两脚接触桌面,会出现左、右两脚交换向前迈步。此反射约2个月时消失。

(6)强直性颈反射

将新生儿头转向一侧时,同侧上下肢伸展强直,对侧上下肢呈"击剑姿势"的屈曲状。此反射约3～6个月时消失。其机能为以后有意识接触物体的动作做准备。

(7)游泳反射

将新生儿俯卧在水里,其双手会出现非常协调的游泳动作。此反射出生即有,出生后4～6个月逐渐消失。其机能是在新生儿意外落水时保护小生命。

(8)收缩反射

用带尖的东西轻刺新生儿的脚掌,脚部会迅速收缩,膝盖弯曲,臂部轻抬,这种反射出生即有,10天后减弱。其机能可使新生儿免受不良触觉刺激的伤害。

新生儿出生后,就是依靠皮下中枢实现先天性反射来保证其内部器官和外部环境的最初适应,得以生存下来,并以此为基础建立条件反射,进一步去适应一天比一天扩大了的新生活。

---

① 韩棣华.0～3岁孩子成长的关键期[M].北京:北京出版社,2004.略有改动。

2. 先天性反射运动的作用

（1）促进生长发育和保护生命安全

新生儿是个柔弱的个体，有些先天反射运动对新生儿的生命和适应新环境具有一定的保护作用。主要表现在以下两个方面。

① 维持新生儿的生命和促进生长发育。新生儿一出生就有觅食反射、吸吮反射和吞咽反射，通过这些反射来摄取乳汁，获得各种营养素和热能来维持生命和满足新生儿生长发育的需要。

② 保护新生儿的生命安全。某些先天反射能保证新生儿的安全，例如，游泳反射在新生儿呈俯卧位时可将颈部抬起来，以免堵塞鼻孔发生窒息；强直性颈反射可阻止新生儿身体翻动，以免身体翻转成俯卧位时发生窒息；角膜反射和瞳孔反射对眼睛起到保护作用。

（2）促进动作发展

先天性反射动作是随意运动发展的基础，甚至有些先天反射可以认为是新生儿的先天性运动的能力。主要表现在以下四个方面。

① 促进行走能力的发展。在适当的时间对新生儿的踏步反射进行适当的动作训练，可以使婴儿提早学会走路。有人提出在新生儿出生后8天开始训练，直到踏步反射消失结束训练。训练的方法是：训练者站在新生儿的背后，将双手分别置于新生儿的两腋下，用拇指固定在新生儿的头部并给予支持，使他直立起来并使双足底接触床面，婴儿自行向前迈步。训练应在喂奶半小时后进行，每次可训练3分钟，每天训练3～4次。

② 促进爬行能力的发展。爬行反射可训练新生儿的颈部、背部和四肢肌肉，为将来的抬头、爬行打下基础，并可增强新生儿的体质。训练的方法是：让新生儿俯卧在床上，一人用手掌抵在新生儿的足底，另一个人在前面用双手抓住他的双肩，使他的身体慢慢向前移动，训练时应注意安全防止发生窒息，每次训练3分钟。一天1～2次。

③ 促进平衡能力的发展。给新生儿洗澡时，可训练婴儿游泳的动作，让新生儿俯卧在水中，帮助其抬头，使他做出四肢划水的动作。也可让新生儿仰卧在水面上，大人用手托住婴儿的头和身体，使之做出双腿蹬水的动作。广东省妇幼保健医院在国内首先推出了对出生后5～7天的新生儿的游泳课程，利用特制的保险气垫圈套在新生儿的颈部，让其在水中漂浮和自由活动，在游泳反射的基础上新生儿的四肢会做出来回划动的动作。

④ 促进抓握能力的发展。用拨浪鼓的细柄轻轻地碰触新生儿的手指关节，使之慢慢地自动将手放开，这时立刻将拨浪鼓放入新生儿的手掌中，他会将细柄紧紧握住。反复练习可训练新生儿的抓握动作，促进用手握物能力的发展。

（3）检查判断神经系统的正常发育

先天性反射动作可反映脑干功能的整合情况。早产儿的吸吮反射、吞咽反射都相对较弱；脑损伤时，例如有严重窒息、缺氧缺血性脑病等脑损伤疾病的新生儿，某些先天反射动作消失；当大脑向下传递的抑制性功能逐渐发育成熟后，大部分先天反射性动作一般在婴儿出生后3～4个月消失，如果在应该消失的时间仍未消失，家长应该注意婴儿可能患有脑性疾病，如握持反射、踏步反射等。因此，婴儿先天反射性动作的存在和消失时间对判断婴儿神经系统发育是否正常非常重要。

（二）大动作

大动作指依赖头颈部肌肉群、腰部肌肉群及四肢肌肉群参与的平衡性动作。又称全身大肌肉动作，或称粗大动作。大动作包括抬头、翻身、坐、爬、站、走、跑、钻、攀登、下蹲、平衡等基本动作。大动作有以下三种基本表现形式。

1. 头颈部和躯干的动作

头颈部和躯干的控制动作是婴儿最早出现的自主动作，也是其他大动作发展的基础。例如，婴儿能在俯卧位很好地抬头，为将来的爬行打下基础，躯干的直立是训练行走的前提。

（1）头颈部控制动作

婴儿出生后，首先出现的是抬头动作，这时脊柱开始出现第一个颈椎向前弯曲，对头部的稳定起到了重要作用。抬头动作的发展是逐步进行的，婴儿出生后第1个月末开始出现头颈部动作；出生后第2个月能在俯卧位抬头，头部可自主地左右转动；出生后第3个月左右处于坐位或直立位时可以自主地将头竖直，并且在仰卧时头能自由活动;出生4个月时处于坐位时可以自由转动头部,处于俯卧位时已经能很好地抬头。婴儿头颈部控制动作的发展,在任何体位可以自主地转动头部,并使身体得以直立,从而扩大了他的视线范围,相应地接受更多的视觉刺激,从而促进婴儿的心理进一步发展,也为以后的翻身、坐、站立的发展打下基础。

（2）躯干部控制动作

躯干部控制的动作有翻身、坐和站立。儿童出生后3个月后腰肌开始发展,同时强直性颈反射逐渐消失,为儿童翻身创造了条件。翻身动作的发展是逐步完成的,其发展顺序是:先由侧卧转为俯卧,再由仰卧转为侧卧。大约在5个月后能从仰卧转为俯卧,6个月能从俯卧转为仰卧,7个月左右可先从仰卧转向侧卧位后,再用一只手支撑身体,慢慢就能坐起来,这一动作为儿童的爬行奠定了基础。

儿童能够翻身以后,随着腰肌控制能力的逐渐发展,从出生5个月开始,坐的动作逐渐发展起来,脊柱开始出现第二个生理弯曲(胸椎后突),这个生理弯曲对身体的平衡起到重要作用,坐的动作发展顺序是:先将背直立起来靠着坐,然后才能用两手向前支撑着坐。儿童在7个月左右能独坐少许时间,8个月左右可独坐稳定并能左右转身,两只手也解放出来,为以后的手眼协调动作的发展打下基础。在儿童能独坐的同时,开始用两只手扶住栏杆以保持身体的平衡,并且背、腰、臀部能够伸直。随着下肢肌肉控制能力的发展,1岁左右的儿童就能独自站立。

2. 自主位移动作

（1）爬行

爬行动作是儿童最早出现的自主运动形式。当儿童能够从仰卧位翻转成俯卧位时,两手能撑起胸腹部,开始试图进行爬行动作。每个儿童的爬行姿势不尽相同,但开始时大部分是向后爬,这是学爬行的最初阶段。这一阶段的爬行姿势:胸腹部着地,两手伸向前方地面,利用手臂弯曲的力量带动身体向前,需要两腿后蹬的力量加以协助。但这时的儿童通常两腿向后蹬的力量不够,腿部几乎不能发挥作用,再加上儿童两手向前推的力量大于腿向后蹬的力量,因而出现了后退爬。

"后退爬"一般仅维持一个短暂的时间。随着儿童手臂和腿部力量的增加,儿童的双肩和胸部能够自如地离开地面,在成人的帮助下,可以以腹部为支点爬行。在神经系统的调节下,利用两腿向后蹬的力量,形成了以膝盖为支撑点,到1岁时就可以用手与膝爬行了。当儿童学会爬行后,不仅扩大了接触和探索环境的范围,而且在学爬行的过程中锻炼了全身的协调能力,并促进了大脑的发育和小脑的平衡功能,进而提高了儿童的感觉统合和协调能力,为以后的行走、跑跳的灵活性创造了条件,学爬行的过程也锻炼了儿童的意志。

（2）行走

儿童学会行走是一个渐进的过程,儿童学会独自站立,能够从站位转换成蹲位,并能捡起地面上的玩具,再将身体直立起来,接着很快儿童就可以自主向前行走了。每个儿童学会独立行走的时间不尽相同,早的可在出生后10个月就会行走,晚的要到18个月才会行走。因为影响儿童行走的因素很多,从生理发展的成熟程度来看,行走动作与神经系统的成熟、躯体平衡能力的发展、肢体控制能力的发展、肢体肌肉强壮程度以及视动觉协调能力等因素有关,另外也和开始训练的时间和训练的程度等有一定的关系。

3. 技巧性大动作

儿童学会行走以后,出现了第三个脊柱的生理弯曲,即腰椎前突,为以后进行上下楼梯、跑、跳等带有技巧性的动作发展奠定基础。儿童会走后就学习上下楼梯,开始是手脚并用地向上爬楼梯,随着上肢臂力的增加和身体协调能力的发展,学着用双手交替抓住栏杆一步一步地上楼梯。大约在3岁左右可以两脚交替地下楼梯。2岁后,儿童可以从单脚站逐渐学会单脚跳,学会在运动中发挥自己的力量和保持身体的平衡,3岁左右的儿童即可以用自己的力量进行简单的跑跳运动。

（三）精细动作

精细动作即手部小肌肉动作,主要是利用手和手指的小肌肉或小肌肉群进行活动。包括抓、握、扔、放、穿、嵌、拼、搭、捏、扣、画、撕等动作。精细动作可分为适应性行为和个人社会性行为两种。与适应环境有关的精细动作,例如抓取玩具、搭积木、画画等,称为"适应性行为";与生活自理能力有关的动作,例如扣纽扣、系鞋带等称为"个人社会性行为"。精细动作的发展和感知觉、注意力的发展有密切关系,尤其是和视感知觉关系极为密切,通过视感知觉对手的精细动作的不断调整,使精细动作更加熟练,从而增强手眼的协调能力。因此,可以认为精细运动是儿童最初的智能形式。

在视觉和注意的配合下,精细动作逐渐发育成熟,儿童精细动作的表现形式为抓握动作、绘画和书写动作。

1. 抓握动作

抓握动作是儿童精细动作的最早表现形式。儿童在出生后3个月内表现为手的不随意、本能的抚弄动作。这时握持反射尚未消失,两手经常处于紧握状态,用物品触及手指关节时,小手可以慢慢张开并将物品握在手中,这是握持反射在起作用。在儿童出生后三四个月时,开始挥动手臂试图抓握眼前的玩具,但由于眼手不协调,不能准确地抓到眼前的玩具。儿童从出生后五六个月开始具有双手协作的能力,如将一个玩具从一只手传递到另一手,并可将两只手中的玩具对敲出声音来。在出生后六七个月后,手指的握力、灵活性和控制物品的能力开始发展起来。

2. 绘画和书写动作

绘画和书写动作是手部运用笔类工具进行活动的技能,对儿童以后的学习有重要作用。随着手部小肌肉和手臂的发展,在儿童出生后18个月左右开始握笔涂画,随着握笔动作的发展,绘画和书写能力也随之发展。儿童握笔的能力有一个发展过程:开始儿童握笔的姿势是手掌向下,用全手掌握笔;两三岁时,逐渐学会用拇指和其他四指握笔,手掌向下,握笔的部位从笔尖的远端移向近端,逐渐较为灵活地随意画画和书写;以后随着年龄的增长可以进行较为规范的绘画。在绘画能力达到一定的水平之后逐步掌握初步的书写技能,4岁以后,慢慢学会书写拼音字母和数字。

三、儿童动作发展的规律和顺序

儿童动作是在生理和心理逐渐发育成熟的过程中,遵循一定的规律和顺序一步一步地发展和完善。

(一)动作发展的规律

1. 自上而下规律

儿童动作是从上到下发展起来的,即从头部先开始继而躯干动作,最后是下肢动作及全身动作。儿童最早发展的动作是抬头、转头,接着是翻身、翻滚和坐,最后是爬行、站立和行走。任何一个儿童的动作发展都是沿着抬头——翻身——坐——爬——站立——行走这种从上到下的方向逐渐发展成熟的。

2. 由近及远规律

儿童动作由靠近躯干部位先发展再到离躯干较远部位的发展。上肢是从肩头——上臂——肘——前臂——手腕——手——手指;下肢是从大腿——膝盖——小腿——脚——脚趾。

3. 从泛化到集中规律

儿童动作从不协调到协调,从无意识的不自主到自主,对外界的刺激的反应从盲目、整体性到逐渐分工合作。例如,小儿童抓东西手脚并用,多余动作很多,随着月龄的增加,躯干与四肢协调配合,就能准确地抓到眼前的玩具。

4. 先正后反规律

儿童动作是正面的动作先发展,反面的动作后发展。例如,儿童先会朝前走,后来才学会后退走;先学会抓握玩具,然后才学会放玩具;先学会上楼梯,后学会下楼梯;先学会从坐位站起来,后学会从站位坐下等。

5. 先大后小规律

儿童动作发展先从大肌肉粗大动作开始,然后小肌肉的精细动作逐渐发展。例如,儿童的抬头、翻身、站立、行走等大动作先发展,然后才逐渐发展手指、足趾的细小动作。

6. 从混沌到分化、从粗拙到精细

这个规律特指手部动作发展规律。手部精细动作从用手一把抓握——拇指与四指抓握——拇指、食指捏物——用手操作餐具——执笔画图——穿衣扣扣子等动作。

(二)动作发展的顺序

1. 全身动作发展的顺序

按抬头——翻身——撑胸——打滚——坐——爬——站——走——跑——携带重物走或跑——跳等的

顺序发展。发展大致月份如下：

1个月：头稍稍能抬起。

2个月：会抬头。

3个月：成人扶着站立时脚会缩起

4个月：俯卧时抬头90°，可由俯卧翻成侧卧，仰卧时，四肢做摆动和脚踢动作。

5个月：俯卧翻成仰卧，扶住腋下会做跳跃动作。

6个月：俯卧时能用双臂支撑上半身，握住成人双手想坐起来。

7个月：由仰卧翻成俯卧，能从腹侧到背侧、背侧到腹侧打滚。独坐。

8个月：俯卧原地打转，匍匐后退或前进。

9个月：扶着会站立，爬行。

10个月：扶物站立。

11个月：扶物行走。

12个月：独站，开步，搀着一只手能走，爬得很好，坐爬可逆，能爬斜坡和楼梯。

15个月：独走自如。

1岁半：爬坡，上下楼梯，带着或推着重物走，推、拉和倾倒东西（1岁半左右的孩子臂力和脚力都在增强，喜欢做大肌肉的运动），下蹲拾物，跑步。

2岁：踢球，掷球，滚大球，滑滑梯，攀登，双脚跳，倒着走，经常带物跳，弯腰拾物不跌倒，能配合节拍摇摆。

2～3岁：许多单项动作可以转换，如由走到跑到走到下蹲到起立等，动作比较灵活自如，耐力、灵活性、坚持性都在发展，可以较长时间走路2公里以上，球类活动式样不断变化。

2. 精细动作发展的顺序

精细动作是手部小肌肉的运动形式，最早的特征是抓握和取物，发展的大致月龄如下：

1个月：紧握拳头。

2个月：本能抓握。

3个月：发现自己的手，抓住衣服被角不放。

4个月：双手同时舞动，有意抓握，并注视手中玩具。

5个月：会拿东西往嘴里放。

6个月：会摇动带响的玩具，会用全掌准确地抓物。

7个月：会用两手配合抓物，玩具能换手。

8个月：能用拇指和四指抓物，会用两手撕纸。

9个月：能伸出食指，能用拇指、食指抓起细小物品。

10个月：会有意将物品放下。

11个月：弯曲食指抓东西（钳式抓握）。

12个月：指端动作发展，能用三指持物、握笔。

15个月：弯曲手腕握物、握紧和拖拉。

1岁半～2岁：双手上下摆动手腕，会搭积木、涂画、敲打、举起重物。

2岁～2岁半：双手手指、手腕协调活动进一步发展，可以穿珠、扣扣子，一页一页地翻书等。

2岁半～3岁：双手手指、手腕灵活配合，可以做许多事情，如剪纸、粘贴、搓泥等。

育儿宝典

亲子游戏对婴幼儿发展的重要性

童年是最值得以后回忆的事情，童年的回忆对宝宝未来的性格形成和未来的发展有着重要的作用，而亲子游戏不仅可以开发宝宝的情商、智商，锻炼反应能力，还能使亲子关系更加亲密。

现在为宝宝专门设定的亲子游戏越来越多,分门别类,开发宝宝的不同能力,家长也要在百忙之中抽出时间来陪宝宝,留下一个美好的童年回忆。

亲子游戏是家庭内父母与孩子之间,以亲子感情为基础而进行的一种活动,是亲子之间交往的一种重要形式。而科学的亲子游戏应该具备以下特点:

第一,能够启发孩子的智慧,这就要求游戏活动既能够利用和发挥孩子现有的能力,又能够引导和发展他们新的能力。

第二,家长要能和孩子平等地参与到游戏当中。做亲子游戏不是上课,家长不能高高在上指手划脚,而应当是游戏的参与者,并且跟孩子处于平等的地位。

第三,游戏的形式应该注重相互配合,家长能自然而然地促进孩子智能的发展。设计的游戏应让宝宝主动寻求家长的配合,这样家长就能顺理成章地教给宝宝一些知识和技巧。

第四,游戏的这个过程要能够给孩子和家长双方都带来乐趣。要让孩子在游戏中体会到创造和成功的快乐,而家长则能够体会到亲子交流的幸福。只有特定的亲子游戏才适合于进行比赛,家长应学会更多的游戏并将具有特定功能的亲子游戏同日常的育儿生活相互交融起来,这样就可以在丰富而快乐的育儿生活中,使宝宝的潜能不断地开发。

亲子游戏可以加强宝宝与他人交流的能力,也可以在游戏中总结出经验,使宝宝在以后的成长道路上更坚强,更快乐。

家长沙龙

儿童什么时候走路是正常的?

儿童从无力翻身,到四处乱爬,再到蹒跚学步,是一个令父母兴奋不已的过程。在这个过程中有的家长却担心不已:"我家宝宝10个月学走路,是不是有些早?别人的孩子都已经会走路了,我们怎么还不会呢?是不是有什么问题啊?要不要到医院看看?"

其实,儿童学走路有自己的时间表,每一个孩子的发展表现都不相同,都有各自的独特表现,独自走路当然也不例外。10个月是大动作发展高峰时期,有些孩子开始由爬到扶站、扶走。只要孩子自己扶站时,脚跟能轻松着地,也就是全脚掌着地,就不必担心影响腿的发育;如果仅是脚尖着地,应该加以限制。婴儿站立和行走的时间因人而异,千万不要以年龄作为唯一指标。

根据世界卫生组织发布的婴幼儿生长历程表明,6个半月~17个月能独自站立;8~18个月能独立行走都属正常。孩子们不会"故意"晚走路,而父母亲也不能人为加速儿童学走路的进程。因此,不必过于心急,但是要保持密切注意,看儿童是否有合宜的独自行走反应表现。有的小孩1岁不到就学会走路了,但是有的小孩1岁半了还到处爬,儿童学走路的时间各有差异,基本上在17个月以内学会走路都属于正常的。但要注意的是,有的儿童被大人扶着站立时双腿像棍子一样发直或像剪刀一样交叉,有的儿童表现为双手发抖或双手不停地颤动,在运动方面表现出手脚运动不灵活,协调能力差,或者让人感觉到走路的姿势很别扭,又或者他走路的时间已经远远落在其他同龄孩子后面,那就一定要带他去看专科医生了。

第二节　　0～3岁儿童动作发展的价值及其影响因素

案例导入

在儿童第一年的成长历程里,有一项非常重要的技能,这项技能的获得,不仅对儿童身体健康具有重大的意义,而且对儿童智力的发展,甚至整个人生都会产生举足轻重的影响。这就是"爬行"能力。爬行是儿童运动能力整体提高的一种表现,能使儿童全身的肌肉和骨骼得到锻炼,使儿童首次具有主动变换自己活动空间的能力,使儿童身体四肢运动的协调能力得到前所未有的锻炼。研究表明,没有经过爬行期的儿童,运动能力明显弱于经历过爬行期的儿童。

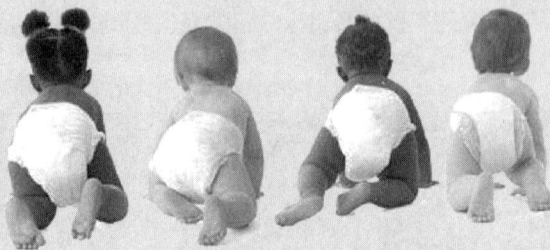

一、儿童动作发展的价值

(一) 动作发展是儿童神经系统正常发育的标志之一

儿童动作的正常发展与神经系统的功能发展和成熟水平有密切关系,在神经系统的控制和调节下,儿童的各种动作发展迅速并更加协调。儿童动作的发展可以反映儿童神经系统的发育水平。因此,有必要了解人脑的结构以及神经系统对身体动作的调节和控制两方面的知识。

1. 脑的结构和功能

人脑由端脑—间脑—中脑—脑桥—延髓—小脑组成。这一部分属于中枢神经系统。

(1) 人脑

人脑由1千亿个神经细胞和1万亿个神经胶质细胞组成,前者加工信息,后者提供营养。人脑重约1 400～1 500克。神经细胞又称"神经元",神经元像一棵小树,由树突、胞体、轴突组成。树突像灌木丛那样围绕着胞体,树突数目不定,可以一再分支,分支越多,表面积越大,储存和加工信息越多。轴突又称神经纤维,它们的末端分支同另一个神经元的胞体或突起相连,相连的部位叫突触。突触是实施脑功能的关键部位,脑内神经元之间通过突触的化学性传递,为脑功能的发育和实现提供了充分的多样性和灵活性。

(2) 左右两半球

左右两半球形状好像两个合起来的拳头,位于颅腔内,由胼胝体将它们联系起来。大脑半球的表面有一层凹凸不平的灰色层,称为大脑皮层或大脑皮质,大脑皮层是高级感觉和运动的器官,也是注意、记忆、思维、想象、情感的高级中枢。所有输入信息在这里得到整合,所有输出信息由这一"最高司令部"发出号令。大脑皮层有四大区域:枕叶、颞叶、顶叶、额叶。每个区域都承担着许多不同的功能,前额叶负责判断、思维、语言、问题解决和规划未来等功能;顶叶负责躯体感觉和躯体运动、语言等功能;颞叶负责听觉、记忆、语言;枕叶处理视觉信息。

（3）脑干及其网状结构

中脑、脑桥、延髓合称脑干。脑干是大脑、小脑、脊髓相互联系的重要通道,由上行纤维束（又称输入神经）和下行纤维束（又称输出神经）组成。研究表明,脑干网状结构的功能非常复杂,是中枢神经系统中一个具有广泛调节和整合功能的结构,是内脏活动和机体运动（呼吸、心血管、运动、觅食、睡眠等）的中枢。

（4）小脑

小脑具有维持身体平衡、调节肌肉紧张度、协调人的随意运动的功能。小脑如果发生疾病,会出现平衡及动作障碍。

2. 神经系统对运动的调节和控制

儿童动作的发展与神经系统发展有着密切关系。感觉器官接受了外界刺激,通过外周神经将信息传达到中枢神经系统,中枢神经系统进行整合及处理后,再将处理后的信息或指令通过外周神经传达到相应的器官而产生的。信息通过运动神经传达到肌肉时,肌肉就会收缩和舒张产生一系列的动作。例如,让儿童拿取桌面上的红色积木,首先,儿童的眼睛看到了桌面上的积木,这一视感知觉的信息通过传入运动神经传递到大脑,大脑将传来的信息进行分析和整合后产生拿取积木的信息指令,传出运动神经将这一指令传递到手部的肌肉和关节,手部的肌肉、骨骼和关节协同活动产生了"拿取"的相关动作。

中枢神经系统对动作的调节和控制是在三个水平上进行的,包括最底层的脊髓、中层的脑干和最高层的大脑皮层,脊髓是最基本的反射中枢,脑干是控制运动的第二级神经中枢,大脑皮层是最高级的运动调节中枢。各个控制水平具有各自的功能,又是相互关联相互协调的。

（二）动作发展有助于儿童身体健康

儿童经常活动和坚持动作训练有助于身体健康。儿童在活动和运动时,运动系统、呼吸系统、循环系统、消化系统等都在大脑和神经系统调解下,参与活动和运动过程。在活动时促进血液循环和心脏的收缩能力,心脏得到充足的氧气和更多的营养物质,心血管系统的机能得到提高;运动时促进消化系统的消化和吸收,保证儿童活动和运动需要的热能和各种营养素;运动时肌肉保持正常的张力,并通过肌肉活动给骨组织以刺激,促进骨骼中钙的储存,促进骨骼的生长,同时使关节有较好的灵活性,韧带有较佳的弹性,增强运动系统的准确性和协调性,促进儿童动作的发展,最终能完成各种复杂的动作;运动时增强呼吸肌的力量,增加肺活量,改善呼吸功能;运动时增强体内的免疫功能,当外界环境发生变化时,经常活动和锻炼的儿童能很快适应,而不经常活动的儿童稍有不适就生病。因此,儿童从小就要经常活动,养成运动的习惯,增强体质,提高身体健康水平。

（三）动作发展促进儿童心理发展

皮亚杰认为:智慧起源于运动。运动对儿童的心理活动和心理功能的发展具有重要的作用。不论是大动作还是手的精细动作,在不断的运动中,促进了儿童神经系统的发育,使得神经系统的功能更加成熟和完善。儿童的感知觉、情绪、注意力等心理活动,是儿童运动发展必不可少的因素,反过来,儿童在不断运动过程中,又促进了感知觉、情绪和注意力的发展。随着动作的进一步发展,儿童的空间概念得以发展。例如儿童用手指钳起糖丸放入小瓶中,这说明儿童的空间概念得到了发展。因此,动作发展在个体早期心理发展如感知觉、注意、记忆、思维、情感、自我意识和社会适应等方面都起到重要的作用。

（四）动作发展满足儿童独立生存能力发展的需要

脑和手是劳动谋生的工具,是独立生存和生活能力发展的重要组成部分。从儿童手的动作发展的观察中发现,为了独立生存做的准备是多么的缜密:从抓着拳头——放下手指——整手抓握——伸出一个手指头——伸出两个手指——伸出三个手指——手腕——手指之间、手腕和手指之间的协调;当儿童学会走路,手可以随心所欲地跟随着脚到要去的地方。学会走路的孩子总是精力充沛,十分忙碌。这是孩子获得更多的触觉经验和独立活动的需要。

二、影响儿童动作发展的因素

在儿童早期,动作发展存在很大的差异,无论是大动作还是手的精细动作,均有个体差异。例如,有的儿童在 10 个月就学会了走路,有的儿童在 1 岁半才学会走路。儿童动作发展受到很多因素的影响,这些因素相互交叉起作用。

(一) 生理成熟是动作发展的基础

生理成熟是动作发展的生物前提和物质基础。格塞尔著名的"孪生子爬梯试验"表明:不成熟就无从学习,而学习只是对成熟起一种促进作用。无论在成熟的早期、中期或是晚期对儿童进行锻炼都会成功,只是效果有优差之别。成熟早期是开始学习和锻炼的最佳时期,效果最好;成熟中期开始锻炼比晚期锻炼效果好,成熟晚期开始锻炼比不锻炼好一些。

(二) 教养环境影响动作能力的发展

教养环境对儿童的动作发展有重要的影响。环境因素包括自然环境和家庭环境两个方面。这里主要介绍家庭教养环境对动作发展的影响。家庭教养环境主要指父母的育儿方式、教养态度和物质条件。育儿方式对儿童的生长发育、动作发展以及智力的发展均有一定的影响。例如,在某些落后的地方仍然存在将新生儿捆"蜡烛包"的做法,这种做法限制了儿童的双手的活动,势必影响上肢大动作和手部精细动作的发展;父母的教养态度、自身的文化程度以及对儿童养育知识的理解程度深刻影响儿童动作的发展。有些父母有"树大自然直"的想法,忽视对儿童动作的训练。家庭的物质条件对儿童动作发展也有影响,条件较好的家庭能为孩子提供活动的场地、训练的机会和器械。

(三) 营养物质是动作发展的基本保证

营养是动作发展的物质基础,合理的营养能为动作发展提供充足的热能和各种营养素。当热能或蛋白质不足时,身体的第一个反应是减少活动以便减少热能或蛋白质的消耗,这样才能保证身体重要组织活动器官,如大脑的热能供应。因此营养不良的孩子不爱活动甚至特别安静,从而失去了动作锻炼的机会;营养过剩导致肥胖,体重增加了,儿童在运动时增加了负担,从而影响了儿童锻炼身体的兴趣。营养物质供给不足或过剩都会影响儿童动作的发展。

(四) 身心疾病影响动作的正常发展

身心疾病对儿童动作发展有影响,特别是慢性疾病的影响更大。经常发生呼吸道或消化道感染的儿童,失去更多的运动锻炼的机会,他们的动作发展也落后于正常的儿童。因各种原因造成的儿童脑损伤都会影响儿童的动作发展,如早产儿、婴儿出生时因窒息缺氧而造成的缺氧性脑病、严重的新生儿黄疸等儿童的动作发展明显落后于正常儿童。

育儿宝典

手 指 游 戏

这组手指游戏是表现小猪吃饱喝足后的慵懒姿态,通过儿歌和动作节奏的配合,让儿童熟悉节奏的韵律感觉,那肚皮圆圆、憨态可掬、吃饱就睡的模样,是多么可爱的形象啊。念儿歌:小猪吃得饱饱,闭着眼睛睡觉,大耳朵在扇扇,小尾巴在摇摇,咕噜咕噜咕,咕噜咕噜咕,小尾巴再摇摇。

● 动作 1:"小猪吃得饱饱"

挺着肚子,用手掌摩腹,做出吃得很饱的样子。如果儿童还不能很好地做出摩腹的动作,拍拍小肚皮也可以哦!

● 动作2:"闭着眼睛睡觉"

双手合十,放在耳侧,头微微偏着,眼睛闭上,做出睡觉的样子。还可以发出呼噜噜的声音,假装睡得很熟的样子。(即使儿童不配合,看到妈妈打呼噜的样子,也觉得很开心吧!)

● 动作3:"大耳朵在扇扇"

双手放在耳侧,拇指外四指做出弯曲的动作,好像小猪的耳朵在动。手指弯曲的动作可锻炼儿童手指的柔韧性和灵活性。

● 动作4:"小尾巴在摇摇"

双手合拢,在臀后左右摆动,好像小猪的尾巴在摇摆的样子。

● 动作5:"咕噜咕噜咕,咕噜咕噜咕"

双手握拳,在胸前做前后转圈运动。可锻炼儿童左右手协调能力。重叠音可以增强儿童的节奏感,促进儿童语言的发展。

● 动作6:"小尾巴再摇摇"

重复动作4,如果儿童不愿意做,就和儿童拉着手,摇一摇,也是可以的。

家长沙龙

身体灵巧更容易协调思维?[①]

一、肢体运动天赋:哪种迹象能证明?

一般来说,身体灵巧、有运动天赋的孩子运动起来往往很连贯、流畅,肌肉不会总是处于紧张状态。这样的孩子不一定很好动,但往往走路较早。当他开始走路时,他就意识到周围的环境,避开障碍物,或者在可能的情况下利用这些障碍。他不会让手放在身后,也不会在走路时抓东西,坐下的时候,他会自然地盘腿而坐,而不是像青蛙那样,膝盖着地,两腿放在后边。当他跑起来的时候,脚既不朝外,也不朝内,而是直接对着前方,保证身体的协调。

二、先天还是后天?

从一些运动健将的身上,我们可以明显地看出,在运动天赋方面,遗传是一个非常重要的因素。但是,同样重要的是,孩子有机会在很小的时候就享受极大的运动"自由"。研究表明,越是让孩子自由(比如,把孩子放在地毯上让他自由地爬行),将来孩子就越自信,行动也会越准确、越灵巧。

三、享受运动,发展心智

简单地说,有运动天赋的孩子一定是个聪明的孩子。因为心智的发展是和身体动作相互配合、相互依存的。身体灵巧的孩子,其肌肉放松,会更容易集中精力和协调思维,顺从自己的感觉,对周围的事情更能主动地发表自己的看法:我喜欢/我不喜欢!

因此,我们应该鼓励孩子更多地动起来,让孩子学习如何使用肌肉,发展动作协调能力和控制身体的意识。

---

① 摘自《父母必读》2005,(8).

案例导入

宝宝20个月了,被妈妈笑称为"小小破坏家",为什么这样说宝宝呢? 宝宝最近和家里的门把手较上劲了,乐此不疲地拧啊拧,结果让爸爸连续换了4个门把手;宝宝还喜欢玩妈妈的口红,插来插去,价格昂贵的口红都插断了,把妈妈心疼得够呛;一段时间后,宝宝又迷上了使用剪刀,把桌布、床单都剪坏了。宝宝好像总是在变化花样破坏着家里的东西,真是拿她没办法啊![1]

儿童在动作敏感期到来的时候,内心会涌动一股无法抑制的热情,这股热情会促使儿童在环境中寻找可以满足爆发需求的突破口。儿童正是利用在环境中找到的、可操作的东西,在反复操作中满足手部塞、插、舀、敲、涂、穿、拧、倒、剪等精细动作的发展与提高。

一、动作发展的途径[2]

(一)动作发展的基本途径是日常生活

教育必须延伸到孩子的整个生活中,与生活共存。年龄越小,教育与生活越不能分开。

儿童日常生活的每一个环节都蕴含着丰富的教育成分。1岁前喂奶、换衣、换尿布、睡眠、起床、玩玩具等,都需要儿童相应身体姿势和动作的改变,这些改变都在促进身体各部分肌肉和动作的发展。1岁以后,孩子开始自己学习吃饭、洗手洗脸、脱穿衣服、解扣系扣、穿脱鞋子、解系鞋带、帮助成人做事情等,都需要一系列协调性的动作来完成。生活中充满动作,生活中处处是教材,随时都可以训练动作,成人应做有心人,将动作发展融入儿童的生活之中。凡儿童想做也能做的事情,成人应该尽量支持、帮助和鼓励孩子自己去做,切不可包办生活,剥夺了孩子动手和练习动作的机会。

(二)动作发展的重要途径是游戏活动

游戏是促进儿童动作发展最好的活动形式。0～3岁年龄阶段的游戏称为感觉运动游戏。感觉运动游戏主要是运用感觉、听觉、触觉、味觉、嗅觉等感官,结合操作摆弄玩具及动作训练进行游戏。在游戏过程中,儿童在使用玩具中,通过感知觉和身体动作获得乐趣和满足,同时在摆弄玩具、绘画、看书、捏面团、团纸团、折叠、搭建、拼拆、剪纸、粘贴等方面,成人应放手让孩子去动手尝试,也可以和孩子一起玩,做些必要的示范和帮助,提高儿童操作玩具的技能和兴趣。

利用外出散步和旅行的机会,成人可根据儿童的年龄带上一些玩具和用品,如1岁以内的孩子可带上垫子和小球,让孩子爬着、滚着玩球;1岁以上的孩子可带上球、绳子等开展玩球、钻爬、跨跳的游戏;对于2岁以上的孩子,可以玩围抱树干、在草地上打滚、追逐跑、拾树叶等游戏。

(三)动作发展的有益途径是体操和体育游戏

体操把需要训练的动作融进操节中,训练更为全面。做操时,躯干及四肢的大肌肉有节奏地收缩和舒张,不会遗漏,也不会持续紧张,如果能经常在音乐声的伴奏中做操,可以使孩子的动作协调和具有节奏感。

---

① 李利. 蒙台梭利解读儿童敏感期[M]. 北京:化学工业出版社,2011.

② 楼必生. 科学教育:先学前期儿童潜能开发[M]. 西安:陕西师范大学出版社,2000.

1. 婴儿主被动操

婴儿主被动操是指在成人的适当扶持下,加入婴儿的部分主动动作完成的。婴儿主被动操的操节主要有训练四肢肌肉关节的上下肢运动,训练腹肌腰肌以及脊柱的桥形运动、拾物运动,有为站立、行走做准备的立起、扶腋步行、双脚跳跃等动作。主被动操适用于7～12个月的婴儿。这个时期的婴儿,已经有了初步的自主活动的能力,能自主转动头部,自己翻身,独坐片刻,双下肢已能负重,并上下跳动。婴儿每天进行主被动操的训练,可活动全身的肌肉关节,为爬行、站立和行走奠定基础。

2. 竹竿操

竹竿操宜在集体教养单位进行。适合于1岁～1岁半的儿童。用两根适合孩子抓握的约2米长的光滑竹竿,由两位教师分坐在两端的椅子上,各用两手握住竹竿的一段,使两根竹竿平行,孩子站在竹竿中间,两手分别握住竹竿,以便借助竹竿的支持力做操节,每次可容纳4～5人,孩子之间保持一段距离。竹竿可用彩色的塑料袋缠起来。竹竿操宜在音乐伴奏下进行。

3. 模仿操

模仿操是把贴近孩子生活的形象化动作编排成操节,既形象又有趣味,再配上与动作性质一致的音乐,令孩子们在愉快的情绪中进行大肌肉的锻炼。通常模仿一些常见动物的动作,如鸟飞、兔跳,也可模仿日常生活的动作,如睡觉、起床、刷牙、洗手、洗脸、走步等,还可以模仿交通工具的运动状态,如开火车、开汽车、开飞机、划船等。适合于1岁半～3岁儿童。

4. 体育游戏

体育游戏是为了培养儿童对运动的兴趣,把基本动作的练习编成既有形象性又有趣味性的活动性游戏。如游戏"捡树叶"适合1岁以后各年龄段孩子玩耍,给孩子一个小篮子,到室外有树叶的地方去,请孩子把树叶拾起来放到篮子里,可以练习走步、下蹲、伸臂、准确拾起,还可以练习全身动作的灵活协调性。

二、动作发展训练的注意事项

(一)重视安全和安全教育

儿童容易兴奋,十分好动,自控能力差,缺乏自我保护意识,在训练动作时需要成人做好细致的保护工作。特别是手的精细动作活动中,要注意孩子脸部皮肤、手的安全,防止孩子将小东西塞进耳、鼻、口中。2岁左右的孩子控制能力有了发展,成人要对他们进行安全教育,使他们知道什么动作不能做,什么地方不能去,成人要坚持要求,孩子自我保护意识和自我保护能力就能得到发展。

(二)注意全面性和技能素质并重

训练时大肌肉和小肌肉动作、躯干动作和四肢动作都应得到平衡协调的发展;动作训练和"感觉学习"应兼顾。应把动作训练与视、听、触摸等感觉活动加以协调;动作与身体素质培养并重。在完成动作要求的同时,应发展身体的耐力、平衡和协调能力,全面的动作训练有助于提高身体素质。

(三)注意循序渐进和持之以恒

对儿童每个动作的训练考虑到动作的难易程度、训练量的大小和时间的长短,要做到循序渐进、不急不躁。如训练儿童上楼梯应当先扶着儿童腋下帮助他爬上楼梯,再逐渐训练儿童用两只手抓住栏杆一步一步爬楼梯,然后才可以训练儿童独自上楼梯,最后训练下楼梯。在训练过程中要注意运动量从小到大。如训练上楼梯,要先从阶梯少的台阶开始锻炼,逐渐增加台阶的高度。同时,在锻炼过程中还应注意时间的长短。开始训练的时间要短,当儿童适应后再延长时间,以避免儿童过于疲劳而影响训练效果。

儿童每个动作的发展都要经历从不会到会再到熟练的过程,因此动作训练更需要反复和坚持,做动作训练要持之以恒。

(四)注意保证营养和睡眠

合理的营养是儿童进行活动和运动的物质基础,必须供给充足合理的热能和各种营养素,以补充儿童在活动和运动中热能和营养物质的消耗,才能达到增强体质的目的。充足的睡眠能让儿童得到充分的休息,恢复体力,才能有更充沛的精力学习各种动作。总之,儿童一日的进食、睡眠、活动要有一定的规律,合理地安排。

（五）注意个体差异和区别对待

动作发展存在个体差异,每个儿童的动作发展进程不完全相同,每一个动作开始出现的时间也不一定相同,甚至每一个动作达到熟练程度所需要的时间也不可能相同,因此,应当尊重每一个儿童的动作发展并按照儿童自身的发展节奏来训练。应当注意区别对待,在动作发展过程中,要避免做横向比较,以免在训练过程中出现急躁情绪,从而影响了儿童的学习情绪。

育儿宝典

如何提升儿童的专注力？

诀窍1：给儿童更多动手动脚的机会。父母应该让儿童从小就自己能做的事自己做,自己提东西,自己爬楼梯,自己跨过水沟。这样儿童能有很多机会让大脑学会控制身体大肌肉的运用,手脚利落,进而也能提升专注力。

诀窍2：鼓励儿童多爬行。爬行的动作能训练儿童的平衡感,并刺激大脑的联结,使儿童将来有能力专心学习。如果想让儿童多爬行,可以用游戏的方式来引导他,例如,儿童七八个月大开始学爬时,父母可以在儿童前方利用有声音的玩具吸引他,或者跟在身旁陪他爬来爬去。即使儿童比较大了,也可以多玩爬行的游戏,例如玩乌龟爬行比赛,用枕头绑在背上,然后看谁爬得快。

诀窍3：运动要适量勿过度。虽然家长要多鼓励儿童进行大动作的训练,但要注意根据儿童身心发展特点来合理安排适合各个年龄段的运动内容和形式。

诀窍4：培养运动兴趣和习惯。注意避免单调的运动训练,以免儿童对运动产生反感和抵触情绪,结合各种游戏,在运动中发展儿童的感知觉、记忆、思维和想象,使儿童四肢发达头脑不简单,同时体验运动的快乐情绪。

家长沙龙

如何检验儿童大动作失调？

大动作发展落后于一般标准:虽然儿童受到环境及先天肢体发育的影响,每个儿童大动作发展的速度都不太一样,但原则上还是要符合一般的生理发育规律。一般来说,儿童坐、爬、站、走、跳、上下楼梯,都有合理的生理时间,但如果家长发现儿童大动作的发展比一般标准慢了3个月以上,就要特别注意。家长可以通过以下的症状来了解孩子是否有大动作失调的问题。

协调性异常:手眼协调性特别差,或是放东西进罐子老是对不准。

动作笨拙:大动作发展不佳的孩子通常给人动作笨拙的感觉,例如收拾东西慢吞吞,走快一点就跌倒。因为动作不协调或平衡感太差,在游戏或生活之中,经常发生摔倒、撞伤的状况。

跑跳能力很差:跑步时不但动作不灵活,跑步姿势僵硬、不协调,不小心还可能绊到自己。

【反思与实践】

1. 动作发展的类型有哪些？
2. 0～3岁儿童动作发展的意义是什么？
3. 动作发展的规律是什么？动作发展的顺序是什么？

第二章

0～1岁婴儿动作发展与训练

0～1岁婴儿动作发展教育是人生的开端、是动作发展教育的敏感期。意大利著名的学前教育专家蒙台梭利认为"生命不息,运动不止,运动始终伴随着一切机体活动,通过运动,儿童得到发展。儿童的发展不仅依靠心理的发展,也依靠身体的运动。运动给身体带来健康,给心理带来勇气和自信,给心理带来不容忽视的影响"。可见,为了给儿童将来的生活和学习打下良好的基础,必须非常重视0～1岁婴儿动作的发展与训练。

第一节　0～1岁婴儿动作发展教育

案例导入

远远已经3个月了,最近躺在婴儿床上的远远似乎对自己的小手非常感兴趣。一开始,他高度专注地把小手往嘴里放,经过努力,他成功了,能够顺利地吸吮到小手让远远非常高兴,起劲时还会发出"吧唧吧唧"的响声。如果有人打扰他,将他的小手从嘴里拿出来,或者由于衣服穿太多吃不到小手时,远远都会发出烦躁的、抗议的哭声。只有当小手顺利放在嘴里,远远脸上才会显出满足的表情。每次看到儿子把手吃得这么香,都会让妈妈很困惑,宝宝的小手真的这么好吃吗?①

一、婴儿大动作发展特点

婴儿大肌肉发展分为两个阶段:一种是无意识的反射,另一种是有意识但不成熟的初级运动。婴儿有意识的大动作发展按照从头到脚趾、从脊柱到手脚的规律进行。②

---

①② 李利.蒙台梭利解读儿童敏感期[M].北京:化学工业出版社,2011.

（一）婴儿大动作发展生理特点

初生的婴儿睡觉时总喜欢把头偏向一边,父母总想把婴儿的头摆正,但总摆不正,有的父母就用枕头或毛巾之类的东西来固定婴儿的头。初生的婴儿处在仰卧位时总是把头转向一侧,头转向的那一侧的上下肢是伸直的,而另一侧的上下肢是弯曲的。这是先天性的强直性颈反射姿势,是婴儿特有的一种不对称姿势,这种姿势可避免因吐奶而窒息。家长不要过分紧张,但注意婴儿的头应向两边侧转。

婴儿到2、3个月时脊柱开始出现第一个颈椎弯曲,对头部的稳定起到重要作用,婴儿竖抱时头部可以竖直,不会左右摇晃。婴儿头颈部控制活动的发展,使婴儿在任何体位可以自由转动头部。婴儿3个月后腰肌开始发展,强直性颈反射逐渐消失,为翻身创造条件。5个月时脊柱开始出现第二个生理弯曲,对身体的平衡起到重要作用。随着婴儿脊柱、背部和腰部逐渐健壮,从翻身到坐起是连贯动作的自然发展,这时可以训练婴儿的学坐、爬等动作。随着婴儿下肢肌肉控制能力发展,婴儿学习扶着栏杆能站到独自站稳。父母要注意选择好让婴儿开始练习走路的时机,到1岁左右婴儿能学习独自行走。

（二）婴儿大动作发展水平

满月的婴儿俯卧时能短暂抬头片刻;2个月的婴儿俯卧位时抬头45°,头左右转动;3个月的婴儿俯卧位时抬头90°,头竖直;4个月婴儿拉坐时头不后滞;5个月婴儿俯卧位时抬起胸;6个月婴儿学习用手撑着坐。

7个月左右的婴儿会独坐,由仰卧翻成俯卧,能从腹侧到背侧、背侧到腹侧打滚。8个月婴儿俯卧原地打转,能手膝爬行。9个月婴儿扶着会站立,学习手足爬行。10个月婴儿扶物站立。11个月婴儿能独站、扶物行走。12个月婴儿开步,搀着一只手能走,爬得很好。

二、婴儿精细动作发展特点

婴儿手眼协调不仅代表婴儿精细动作能力的发展水平,同时也标志婴儿智力的发展水平。因此要根据婴儿精细动作的生理发展特点和水平,有针对性地开展游戏活动促进婴儿精细动作的发展。

（一）婴儿精细动作发展生理特点

新生儿具有先天的握持反射,所以婴儿常常两手紧握成拳。3个月左右,当婴儿握持反射消失后,就有了主动抓握物体的能力。当婴儿能将玩具从一只手换到另一只手,说明婴儿两个大脑半球已经能协调配合。婴儿手的敏感期主要表现为喜欢用手抓、拉、拍、捏、拨拉,到后期是喜欢扔东西等。手的敏感期到来时,有一个抓的过程,一开始是一把抓,然后到三指抓和二指抓。手指的活动越多,动作越精细,越能刺激大脑皮质兴奋,从而使思维更活跃。大脑在受刺激后又能反过来调节手指的灵巧性和协调性。两者得到相辅相成的发展,从而促进了智力的发展。

（二）婴儿精细动作发展水平

1个月婴儿紧握拳头。2个月有本能抓握。3个月能发现自己的手,抓住衣服被角不放。4个月婴儿双手同时舞动,有意抓握,并注视手中玩具。5个月婴儿会拿东西往嘴里放。6个月会摇动带响声的玩具,会用全掌准确地抓物。

7个月会用两手配合抓物,玩具能换手。8个月能用拇指和四指抓物,会用两手撕纸。9个月能伸出食指,能用拇指、食指抓起细小物品。10个月会有意将物品放下。11个月能用弯曲的食指抓东西(钳式抓握)。12个月能用三指持物、握笔。

三、婴儿动作发展教育要点

儿童智力发展理论的奠基人之一——皮亚杰从发现认识论认为:"婴幼儿智力起源于动作,通过动作组织结构不断分化、组合与相互协调,由低级向高级发展。"可见动作是婴儿"智慧大厦"的砖瓦。婴儿年龄越小,动作可塑性就越强,婴儿运动得越早、练习得越多,发展就越好,早期的全身运动使婴儿神经系统活动灵敏度增加。因此应充分重视婴儿动作的发展教育,创设活动环境,促使婴儿动作更敏感、更协调、更准确地发展。

(一)解放婴儿手脚,家长给予拥抱抚摸

0～1岁是婴儿生长发育最快的时期,也是婴儿动作发展的敏感期。当前有些地方的家长担心婴儿长大后手脚过于好动,就给婴儿打"蜡烛包"或者给婴儿的双手戴上手套。蜡烛包和手套不仅限制婴儿大动作的发展,同时对婴儿双手精细动作发展也有很大的影响。刚出生的婴儿喜欢自由活动双手和双脚,两三个月的婴儿喜欢用自己的双手触摸物体,无意识地抚摸衣服、被褥,抚摸自己的父母和身边的物体,这种最初的抚摸动作标志了婴儿对周围世界的认识活动开始。婴儿用手来思考,用手来认识周围事物,手是婴儿认识世界的重要器官。如果禁止婴儿手的活动,就相当于禁止婴儿的思考。因此家长应该给婴儿足够的自由空间去伸展活动胳膊、小腿,解放婴儿手脚,让婴儿自由活动。

家长要经常搂抱、抚摸孩子,给他做抚触;家长尽可能每天播放轻柔的音乐,带领婴儿做主被动操。经常接受家长爱抚的婴儿,成长速度明显快于缺少爱抚的婴儿,这种肌肤相亲会使婴儿大脑的兴奋与抑制变得协调,消除婴儿对陌生世界的恐惧感,培养婴儿健康开朗、适应性强的心理素质。家长的拥抱、亲吻和欢笑都是婴儿最好的智力催化剂。

(二)提供操作玩具,满足动手探索的欲望

俗话说"心灵手巧",专家认为动手是婴儿思维能力发展的催化剂,只有让婴儿的小手活动起来,触觉才能有敏感,孩子才会更聪明、更有创造性。[①] 在生活中家长可以用智力玩具来训练婴儿手的精巧运动,提供便于抓握、带声响、颜色鲜艳、无毒、卫生、安全的玩具,让婴儿练习抓拿小物件,鼓励孩子自由捏拿、摆弄、敲打等双手玩弄玩具,提供各种安全的玩具,鼓励婴儿动手探索,训练手眼协调能力,满足其探索欲望。但是家长要注意应该随时陪伴在婴儿身边,以免婴儿把小物品塞进嘴巴发生意外。

让孩子多听优美音乐,学习跟着节奏感较明显的音乐节律随意摆手、挥臂等。引导孩子模仿学习用手势动作等方式与人交流,如用挥手表示"再见",用拍手表示"欢迎",用双手握拳摇动表示"谢谢"。每天反复练习,鼓励婴儿伴随着成人语言,学做简单的模仿动作,不断扩大婴儿的交往动作和范围。

(三)借助生活环境,锻炼爬行站立等动作

家长要充分利用日常生活环境,可以让婴儿躺在床上自由活动手脚,引导练习俯卧抬头、目光追踪、抓握、蹬腿等动作,鼓励练习帮助孩子学习坐、躺、爬等动作,经常让孩子练习爬行、扶着行走,学做简单的模仿动作。经常让孩子听优美、活泼的音乐,在成人的引导下,跟着音乐节律随意摆动身体。

8个月左右是婴儿学爬的关键期。美国有一位人类智力潜能开发研究专家说:"若只用三个字来说明怎样才能开发你孩子的智力潜能,那就是——让他爬。"婴儿最大的快乐就是跟在妈妈后面爬来爬去。可惜有的家长整天让婴儿呆在床上、坐在推车里或把他抱在身上,婴儿根本没有机会锻炼爬行和站立行走。

(四)创设活动空间,进行适量的户外活动

伴随着婴儿翻身、爬行、站立、学走等大动作的发展、手部精细动作的协调灵活应用,婴儿的活动范围不断扩大,家长就要注意婴儿活动环境的安全。为了婴儿安全活动,家长应当把地面打扫干净,铺上干净地毯或塑料地板块,创造一个足够面积的活动环境。这阶段婴儿往往见到什么东西都要抓,甚至往嘴巴塞,所以要特别关注婴儿视野范围内、婴儿够得着的地方,任何可能发生意外的东西都要收拾起来,避免发生意外。

户外的空气和阳光可以刺激婴儿的皮肤、鼻子、喉咙黏膜,促进血液循环、新陈代谢,预防佝偻病。家长应在天气良好时,抱其走走看看听听,带婴儿到户外接受空气和日光浴,在新鲜的空气与柔和的阳光下练习

---

① 林敬.图解婴幼儿智能开发百科[M].北京:中医古籍出版社,2009.

各种动作,如手扶婴儿腋下练习站立、让婴儿借助栏杆学习站立,也可利用周围的自然物让婴儿扶着树、墙壁等学习站立或坐下及蹲下取物,拓展其视野和活动范围。

育儿宝典

婴儿被动操

适合年龄:2～6个月的婴儿

每次时间:3～5分钟

每天次数:1～2次

准备活动:婴儿仰卧在床上,妈妈一边轻轻抚摩孩子,一边轻柔地跟孩子讲话,使孩子愉快、放松,就像做游戏一样。

第一节　伸展运动　　做二八拍

预备姿势:妈妈双手握住孩子腕部,拇指放在孩子的手心里,让孩子握住,孩子两臂放在身体两侧。第一个8拍:

(1)妈妈拉孩子两臂到胸前平举,拳心相对。(2)妈妈拉孩子两臂斜上举,手背贴床。

(3)还原。

注意事项:孩子两臂前平举时,两臂距离与肩同宽。妈妈动作要轻柔,斜上举时要轻轻使孩子两臂逐渐伸直。

第二节　扩胸运动　　做二八拍

预备姿势:妈妈双手握住孩子腕部,拇指放在孩子的手心里,让孩子握住,孩子两臂放在身体两侧。第一个8拍:

(1)妈妈拉孩子两臂到向身体两侧平放,拳心向上,手背贴床面。

(2)两臂胸前交叉,并轻轻压胸部。(3)还原。

注意事项:两臂分开时稍用力,胸前交叉时放松。配合婴儿的生理发育来做,不要勉强进行。

第三节　上肢屈伸运动　做二八拍

预备姿势:妈妈双手握住孩子腕部,拇指放在孩子的手心里,让孩子握住,孩子两臂放在身体两侧。第一个8拍:

(1)妈妈将孩子左臂向上弯曲,孩子的手触肩。(2)还原成预备姿势。

(3)妈妈将孩子右臂向上弯曲,孩子的手触肩。(4)还原。

注意事项:屈肘时家长稍用力,孩子的上臂不离床,臂伸直时要轻。

第四节　双屈腿运动　做二八拍

预备姿势:孩子仰卧,两腿伸直,家长两手握住孩子脚腕。第一个8拍:

(1)妈妈将孩子两腿曲至腹部。(2)还原成预备姿势。

(3)重复动作。(4)还原。

注意事项:孩子屈腿时两膝不分开,屈腿时刻稍稍用力,使孩子的腿对腹部有压力,有助于肠蠕动,屈、伸都不能用力过大,以免损伤孩子的关节和韧带。

第五节　翻身运动　　做二八拍

预备姿势:孩子仰卧,妈妈将孩子四肢摆正。第一个8拍:

(1)妈妈一手握住孩子的两脚腕,另一手轻托孩子背部,然后稍用力,帮助孩子从身体右侧翻身,成为俯卧位,同时将孩子的两臂移至前方,使孩子的头和肩抬起片刻。

(2)再将孩子两臂放回体侧,妈妈一只手握住孩子两脚腕,另一只手插到孩子胸腹下,帮助孩子从俯卧位翻回仰卧位。

(3)同(1)动作,但孩子身体从左侧翻身。(4)同(2)动作。

注意事项:家长帮孩子做操时要轻柔、缓慢,翻身或俯卧时逗引孩子练习抬头。

第六节 举腿运动 做二八拍

预备姿势:孩子仰卧,两腿伸直,妈妈握住孩子膝部,拇指在下,其余四指在上。

第一个8拍:

(1)妈妈将孩子两腿向上方举起,与腹部成直角。(2)还原成预备姿势。

(3)同(1)动作。(4)还原成预备姿势。

注意事项:孩子两腿向上举时,膝盖不弯曲,臀部不离床。

第七节 体后屈运动 做二八拍

预备姿势:孩子俯卧,两臂放前方,两肘支撑身体,妈妈两手分别握住孩子脚腕。

第一个8拍:

(1)妈妈轻轻提起孩子两腿,身体与床面成近似45°向上方举起,与腹部成直角。

(2)还原成预备姿势。

(3)妈妈轻轻握住孩子肘部,将上体抬起,身体与床面成45°。

(4)还原成预备姿势。(5)重复动作。

注意事项:提腿和抬肘时,孩子身体要直,不能歪斜,以免损伤脊柱。这一节难度较大,须在孩子有一定体能时进行。做这一节时家长也要小心、轻柔,不要勉强。

第八节 整理运动

妈妈两手轻轻抖动孩子的两臂和两腿,或让孩子在床上自由活动片刻,使全身肌肉放松,不要做完操立刻抱起。

注意事项:

(1)做操时,妈妈的动作一定要轻,态度一定要亲切,一边做一边与孩子说笑。

(2)做操前,妈妈要洗净手,摘下手表、手镯等饰物,以免划伤孩子。

(3)2个月的孩子可先学做一节适应后再逐步做第二节、第三节,随着孩子的长大,再逐渐一节一节增加到做8节。

(4)做操要在孩子进食半小时到一小时以后为宜,做完操将孩子放在小床上休息,然后哄他入睡。

(5)做操时如能放些音乐更好。

家长沙龙

如何帮助儿童顺利学步?

12个月左右的儿童是学习走路的最佳时机,家长想让儿童早一天迈开人生的步伐,就要合理引导和训练。下面10条日常锻炼的小建议,可以帮助儿童更好地学习走路[1]。

(1)蹬蹬腿脚:家长可以经常用双手托住儿童腋下,托起儿童,让他做蹬蹬腿的弹跳动作,练习儿童腿部的伸展能力。

(2)做做仰卧起坐:要练习儿童的肌力,家长可以与儿童做做仰卧起坐运动。儿童仰卧,家长拉着儿童双手做以下动作:坐起——站立——坐下——躺下,反复几次。注意拉儿童的双手不能太用力,以防用力不当造成脱臼。

(3)练习爬行:爬行可以锻炼儿童腿部肌肉的张力和力量,有利于学步。家长应该创造机会经常让儿童在地板或硬的垫子上爬行。

(4)攀攀爬爬:站立是走的前提,家长可以将儿童喜欢的玩具放在与儿童高度差不多的沙发或茶

---

① 陶红亮.0～3岁婴幼儿游戏方案[M].长春:吉林科学技术出版社,2010.

几上,鼓励他扶着站起来抓取玩具,还可以把文件放在沙发上或家长手里,鼓励儿童攀爬。

(5)营养储备:儿童在学走路时候,骨骼发育要跟上,要有足够的体能,这时候应该多给儿童吃含钙食物,保证儿童骨骼的正常发育,为学步奠定生理基础。

(6)练习放手站立:儿童刚开始会因为害怕不愿意放手站立,家长可以递给儿童单手拿不住的玩具,如皮球、布娃娃等,让儿童不知不觉放开双手,独自站立。也可以把玩具放在另一边,逗引儿童转动身体,独自站立。

(7)蹲在儿童的前方:当儿童会扶着走后,家长可以蹲在儿童的前方,展开双臂或者用玩具鼓励儿童走过来,先是一步两步,然后慢慢增加距离。等儿童敢走后,家长可以分别站在两头,让儿童在中间来回走。

(8)扶走训练:培养儿童的学步能力,家长可以让儿童多在扶走的环境里活动,如扶着墙面、沙发、茶几、小床、栏杆、学步的推车、轻巧的凳子移步。

(9)安慰鼓励:儿童学走路,摔倒是不可避免的。家长不宜过度紧张,过度紧张反而会加剧儿童对学步的恐惧。因此当儿童学步摔倒时,家长应给予安抚和鼓励,让儿童有安全感,有继续迈步的信心。

(10)少抱多走:家长应该给儿童创造一个安全的活动空间,多给儿童自由活动的机会,鼓励他四处行走、进行探索。

第二节 0～1岁婴儿大动作的发展与训练

案例导入

阳阳,23周。经过一段时间的练习,阳阳已经学会了翻身,但是从不主动翻身,总是在妈妈的推动下慢慢地、不连贯地趴在床上。今天躺在床上的阳阳先是向左侧过身子,然后用头顶着床带动上身半趴在床上,左臂压在身下,右臂在空中挥舞,左腿着床,右腿在空中踢蹬借力,踢蹬几次后翻了过去趴在床上,然后借助上身力量使头高高抬起,抽出左侧手臂,用两臂支撑起上身,头抬得高高的。过了一会儿,两手交叠,开始啃食自己的小手。又过了3分钟,她有些累了,于是开始哼哼唧唧地哭起来,头时不时抬起又低下,双腿不停地乱蹬。妈妈把她翻过来,可是她又开始翻身。[1]

刚出生的婴儿就拥有天生的本能,如蹬腿、踢脚等运动能力,这些是动作发展的基础。婴儿在0～1岁逐渐产生和发展抬头、翻身、独坐、爬行、站立、学走等基本的大动作,这些基本动作是一切学习的基础,因此0～1岁是婴儿大动作产生和发展的关键期。

一、转头与抬头动作发展训练

婴儿的抬头和转头动作的出现,是婴儿向成人宣布自己主宰世界的第一步。抬头动作主要是控制头颈的活动,依赖于头颈的力量,为其他大动作的发展奠定基础。

---

① 唐敏,李国祥.0～3岁儿童动作发展与教育[M].上海:复旦大学出版社,2011.

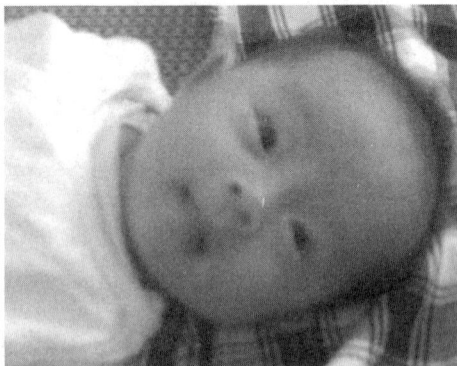

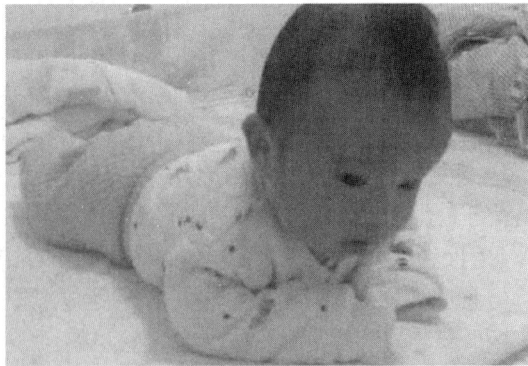

（一）转头训练

1. 训练目的

满月后的婴儿开始有初步的自主动作,婴儿为了更多地观察周围的环境,头会向两侧转动。转头活动可以训练婴儿颈部的活动力量,为俯卧抬头活动奠定基础。

2. 训练方法

（1）注视活动

让婴儿仰卧在床上,家长离婴儿15～20厘米拿着红色小球慢慢抖动,吸引婴儿注意,然后慢慢左右移动,婴儿会用眼睛去跟随移动的物体而转动头部。

（2）追声寻源

让婴儿仰卧,家长摇动玩具吸引婴儿注意,把玩具从一侧移到另一侧,使婴儿头部和视线随着摇晃的玩具左右或上下慢慢移动。

（3）捉迷藏

妈妈将婴儿抱在身上,面向前方,爸爸在妈妈的背后向左、向右伸头,与婴儿玩类似捉迷藏的游戏,并变换或摇动铃铛、呼唤婴儿名字、与婴儿说话。要尽量挑逗婴儿的兴趣,使他主动左右转头。刚开始训练时,家长要将自己的手放在婴儿头两侧加以保护。

3. 注意事项

父母经常给婴儿变换睡觉的方位,让婴儿头向两侧转动。每天让婴儿观察不同物品,在婴儿面前摇动彩带、发声的玩具逗引婴儿,通过眼睛追视移动的物体来训练婴儿头部转动能力,训练时间每天1～3分钟。

（二）抬头训练

1. 训练目的

抬头运动是婴儿动作训练中首要的一课。及早对婴儿进行抬头训练,可以锻炼颈和背部肌肉,增加肺活量,扩大婴儿视野。

2. 训练方法

（1）竖抱抬头

妈妈可在每次喂奶后竖抱婴儿,使婴儿头部靠在妈妈肩上,轻拍几下背部,使其打个嗝以防吐奶,然后不要扶住头部,让头部自然立直片刻,每日2～3次,以促进颈部肌肉张力的发展。也可以让婴儿头靠在妈妈肩膀上,向婴儿指出头顶上方的物品,训练婴儿抬头看。

（2）俯腹抬头[①]

婴儿空腹时,将他放在家长胸腹前,并使婴儿自然地俯卧在家长的腹部,把双手放在婴儿脊部按摩,逗引婴儿抬头,婴儿不但能抬头,而且十分高兴。

（3）俯卧抬头

训练俯卧抬头,床面要平坦而且有一定硬度。让婴儿俯卧在床上,妈妈拿色彩鲜艳、有声响的玩具在婴

---

① 陶红亮.0～3岁婴幼儿游戏方案[M].长春:吉林科学技术出版社,2010.

儿前面逗引。抬头动作从抬起头开始,到2个月时与床面呈45°角,到3个月时能稳定地抬起90°角,到5个月时能俯卧抬头抬胸。

3. 注意事项

对婴儿进行抬头训练时,要掌握好时间与规律,最好在婴儿清醒而空腹情况下进行训练,一般在喂奶前1小时。婴儿俯卧时,家长应在旁边看护,避免婴儿口鼻被枕头或被子堵塞。另外可通过玩具逗引、托起下巴、被单垫高、让婴儿照镜子、应用鼓励语言等辅助训练方法帮助婴儿完成俯卧抬头训练,并逐渐让婴儿的头随玩具的方向转动。

（三）四肢运动

1. 训练目的

婴儿四肢运动,有利于锻炼婴儿上下肢和腿部肌肉力量及弹性,为下一阶段的翻身、爬行等动作做好准备。

2. 训练方法

（1）上电梯

选择节奏感稍强又不太激烈的乐曲,在婴儿清醒时播放,家长随着节奏轻轻哼唱旋律。在婴儿面前举起双手往上提,并说:"上电梯,上、上、上。下电梯,下、下、下。"或抬起小脚,随着节奏摆动,进行上肢或下肢上提等动作要注意轻柔而缓慢,并时刻注意婴儿的情绪。

（2）摇铃铛

在婴儿床的上方15～20厘米处悬挂一些色彩鲜艳带响玩具,随着婴儿自由的、不规则的运动,玩具会跟着摇晃发出声音,婴儿的视线随摇晃的玩具移动,从而吸引婴儿兴趣,使婴儿全身上下肢运动起来。这些悬挂玩具要经常移动,避免造成婴儿斜视或偏头。

（3）踢彩球

家长准备几个彩色塑料球或彩色气球,用细线吊在距离婴儿小脚上方5～10厘米处,这样能够保证婴儿看得见,也能伸腿碰得到。让婴儿仰卧,妈妈用手触碰彩球,并配合声音和动作吸引婴儿注意力,婴儿看到球在跳动,就会努力蹬腿、屈伸膝盖,双腿上举或随球而动。如果婴儿没有伸腿踢,家长可拉着婴儿的小脚触碰彩球,并用声音鼓励婴儿,慢慢地婴儿会自己尝试伸腿去踢。[1]

3. 注意事项

婴儿年龄越小,帮婴儿做运动的动作越要轻柔,刚开始运动频率要比较慢,再逐渐加快。另外可采用屈膝屈髋、踏步走走、抚触、按摩、游泳等方法锻炼婴儿上下肢。

二、翻身和学坐动作发展训练

翻身是婴儿第一次真正意义上的全身运动,要借助头部、胸部、四肢等力量,将身体翻转过来。这个阶段是婴儿从卧位向坐位发展的过渡阶段,婴儿从卧位变成坐位,身体重心会发生变化,身体的重量需要脊柱承受,对婴儿脊柱和肌肉有一定的要求,因此不能盲目让婴儿练习坐,也不宜过早让婴儿学会坐。

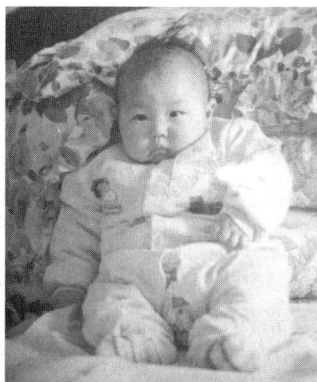

---

[1] 陶红亮.0～3岁婴幼儿游戏方案[M].长春:吉林科学技术出版社,2010.

（一）翻身训练

1. 训练目的

翻身是婴儿学习移动身体的第一步,代表婴儿骨骼、神经、肌肉发育更加成熟。翻身主要是训练婴儿脊柱的肌肉和腰背部肌肉的力量,让婴儿的身体更灵活,为婴儿以后的身体动作打下良好的基础。让婴儿练习翻身打滚、独立向左右翻身和连续翻身够物,可以训练大动作的灵活性以及视听觉与头、颈、躯体、四肢肌肉活动的协调,是婴儿的基本动作训练。

2. 训练方法

（1）侧翻动作

当婴儿仰躺着并试着想翻身的时候,他的脸部、手部都可以顺利地转向另一侧,但是双脚还不能轻易地听从大脑的指挥,所以还不能顺利地完成翻身动作。当婴儿自己尝试翻身时,下半身无法跟上上半身的翻身节奏,家长可以通过一些简单的动作帮助儿童学习翻身。如家长可以帮助婴儿移动双腿,把右腿放在左腿上面,辅助婴儿对侧侧翻,使婴儿的肩和腰自然扭过去,让两脚成交叉的姿势,帮助婴儿顺利完成侧翻身动作。

（2）侧卧过渡

婴儿已经会从仰躺转为侧躺,但仍无法顺利翻成趴姿,或是无法翻回仰姿时,家长可以用枕头顶住婴儿后背,使其呈侧卧姿势,家长从婴儿的身后,扶住婴儿的肩膀和大腿,帮婴儿翻转身体。需要注意的是,婴儿从仰姿翻成趴姿的过程中,家长要帮助儿童借助两只手臂的支撑抬头抬胸,要避免出现婴儿的一只手臂压在胸下动弹不得的情形。随着婴儿年龄的增长,手臂力量逐渐强壮,这种情形自然会减少了。

（3）左翻右翻

将婴儿放在被单上,由家长抓住被单的两个角,轮流拉高或放低,让婴儿在被单里滚来滚去,体验翻身的要领。也可以轻轻拉着婴儿的一只手,借助玩具或语言,慢慢顺势带动婴儿向左翻身,按此方法让婴儿进行右翻。另外不要强行翻转婴儿身体,这样会让婴儿产生排斥感,会弄伤婴儿的胳膊。

（4）翻身打滚

婴儿学会从仰卧转到俯卧,再从俯卧转到仰卧,常常为够取远处的玩具而继续翻滚,从大床的一头翻到另一头去取,这是 7 个月婴儿出现的特殊能力,这时父母要特别注意婴儿的安全。家长可以将玩具放远一点,逗引婴儿去拿,看看婴儿能否连续翻身去够玩具;也可以让婴儿躺在床的一边,在床的另一边放上婴儿感兴趣的玩具,玩具和婴儿之间放一枕头,引导婴儿通过障碍物枕头翻身取玩具。

3. 注意事项

这个阶段的婴儿身体远没有发育成熟,非常娇嫩柔弱,家长帮助婴儿翻身动作一定要轻柔,注意动作不要太大或过于用力。刚开始训练的时候次数不要太多,注意控制训练时间,以免婴儿身体不能负荷。如果婴儿不能配合完成 180° 的翻转,可进行侧翻过渡训练。注意不要逆着婴儿的力量方向,不要扭到婴儿的小手和小脚。家长要多采用诱导式的方法,可通过拉手、抬腿、扶背、玩具逗引等辅助训练帮助婴儿翻身。

（二）坐的训练

1. 训练目的

刚满 6 个月的婴儿平躺时候会翘起头、拽着家长的手想要坐起来,这是婴儿想学坐的信号。婴儿从卧位发展到坐位是动作发展的一大进步,坐能使婴儿开阔视野,更好地接受外界信息。

2. 训练方法

（1）拉臂坐起

婴儿躺在床上,家长握住婴儿的肩和上臂,缓慢拉坐起来,再扶婴儿的腰背部让他坐一会儿,然后扶住婴儿头颈部把他放到床上。家长要注意关注婴儿手臂力量,从扶住婴儿的肩、上臂逐渐过渡到拉手臂、拉腕、拉手坐起。家长可用双手紧紧握住婴儿双手,感受婴儿的力气,家长的大拇指让婴儿的五个手指握住,家长剩余的四个手指抓住婴儿手腕,慢慢地将婴儿拎起,使婴儿从躺的姿势变成坐的姿势。注意要让婴儿自己用力,家长仅用很小的力,以后逐渐减力,或仅握住家长的手指拉坐起来,使婴儿的头能伸直,不向前倾。

（2）靠坐支撑

当婴儿拉坐时头不后滞,就可以让婴儿学习靠坐。在婴儿身体的三面,即左面、右面和后面都有东西支撑,帮助婴儿保持身体的平衡,家长要注意保护,不可让婴儿独自坐在床上。开始先让婴儿试坐 1～2 分钟,一旦婴儿出现头向前倾斜,就要立刻停止。

（3）独坐平衡

在婴儿会靠坐的基础上让婴儿练习独坐,家长可先给予一定的支撑,以后逐渐撤去支撑或首先让婴儿靠坐,待坐得较稳后,逐渐离开靠背,一般要到7个月才能逐渐坐稳。家长可让婴儿独坐在地毯上,一手扶住儿童,一手以玩具吸引婴儿转头转身寻找玩具,家长用玩具左右方向交替逗引,引导婴儿坐位时头部向两侧转动寻找物品,训练婴儿独坐平衡。

3. 注意事项

坐的姿势对脊柱和肌肉有一定的要求,当婴儿脊柱还不能在垂直方向承受身体重量时,让婴儿过早地坐会导致脊柱姿势,还会影响某些重要的运动和锻炼,所以要特别注意婴儿学坐的时间不宜太长,训练时间应选择在婴儿精神好并且空腹时,每次1～2分钟;练坐时最好采用双腿交叉向前盘坐,不要让婴儿两腿成"W"状或两腿压在屁股下坐立;不宜过早训练,拉坐时用力要轻柔,注意保证婴儿的手腕不受伤。[①]

（三）四肢力量训练

1. 训练目的

蹲起、弹跳游戏对婴儿学习身体平衡起到非常重要的作用,是婴儿练习爬行和开始行走的先决条件,家长要注意加强训练婴儿下肢的支撑力。

2. 训练方法

（1）蹬自行车

换完尿布、洗澡后婴儿心情愉快时,让儿童平躺,用左右手各自抓住婴儿的左右腿,把婴儿的腿抬起来,一前一后帮婴儿做运动,就好像婴儿在踩自行车,并对儿童说:"骑自行车去旅行喽。"时间不宜过长,每次1～3分钟左右,要关注婴儿的情绪,如果婴儿开始变得烦躁不安或小腿乱蹬不配合,就要停止活动。为了增加游戏的趣味性,可配合节奏念儿歌。

（2）跳一跳

选择节奏明快、简短悦耳的乐曲,注意选择在婴儿空腹时候进行运动。家长坐在椅子上,扶着婴儿腋下,让他站在家长腿上,并说"宝宝向上跳一跳",同时将婴儿提起、放下数次,练习跳蹲动作和小腿的支撑力;家长要有意识放松手腕,帮助婴儿尽量配合音乐节奏,让婴儿双腿蹦一蹦,双腿蹲一蹲,爸爸站在婴儿对面,配合音乐给婴儿伴舞,可以像婴儿那样一蹲一蹲地跳,也可自创一些动作。[②]

3. 注意事项

这阶段婴儿下肢的支撑力量非常弱,因此训练时要注意控制游戏时间,避免婴儿过度疲劳。家长要及时鼓励和赞扬婴儿,注意调动婴儿参与游戏的兴趣,让婴儿获得更多的乐趣。

三、爬行和站立动作发展训练

这阶段是婴儿大动作发展的关键期,爬行和站立对于婴儿动作发展具有特殊的作用,使婴儿的四肢得到充分的活动,为婴儿动作灵活性、协调性、平衡性的发展奠定良好的基础。

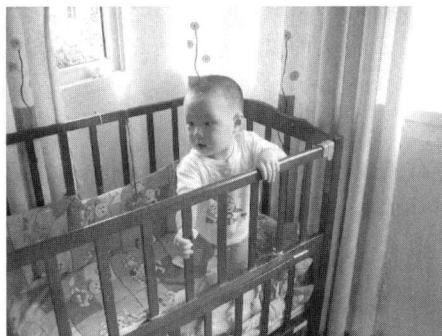

---

① 唐敏,李国祥.0～3岁婴幼儿动作发展与教育[M].上海:复旦大学出版社,2011.

② 北京红黄蓝教学研究中心.多元智慧培养亲子游戏100例[M].北京:中国宇航出版社,2005.

（一）爬行训练

1. 训练目的

爬行对婴儿大脑的发育、空间概念的建立以及全身肌肉特别是肩背肌肉的发展具有特殊意义,而且能够较早地正面面对世界,主动接触和认识事物,变换身体方位和空间感觉的爬行游戏有助于丰富婴儿的空间知觉和视觉空间智能,促进婴儿认识能力的发育,是很好的感觉统合训练。现在普遍认为婴儿的感觉统合失调与儿童早期缺乏爬行的动作有一定的关系,可见爬行训练对婴儿的健康成长至关重要,应利用多种条件让宝宝练习爬行。

一般婴儿爬行能力的发展要经过三个阶段,分别是匍匐爬行、手膝爬行和手足爬行。

2. 训练方法

（1）匍匐爬行（适合 5、6 个月儿童训练）

6 个月的婴儿俯卧时用张开的手支撑着,将头和胸高高抬起,整个胸部离开床面,小腿经屈膝向上抬起悬空,以腹部为中心出现的原地旋转运动来移动身体位置,这就是匍匐爬行。家长可手拿一个能吸引婴儿的玩具在一侧逗引,让儿童通过上下肢的运动来转动身体,再换另一侧,逗引婴儿匍匐爬行。

（2）抵足爬行（适合 6、7 个月儿童训练）

在宝宝前面放一些玩具,逗引婴儿双手往前,家长用手抵住婴儿的两只脚,使婴儿的腿成蛙形,用双手掌抵住宝宝脚心向前推,帮助宝宝用力向前爬。家长要注意配合儿童双手的动作,帮助宝宝轮流移动手和脚,从而向前爬。

（3）手膝爬行（适合 7、8 个月儿童训练）

8 个月的婴儿能用双手和双膝支撑起身体,胸部和腹部完全离地,两手交替向前,带动身体向前移动爬行,即手膝爬行。如果婴儿腹部不能离开床面或不能向前移动,可用双手托住或用长围巾兜住婴儿腹部,把宝宝腹部提起,帮助婴儿保持正确的手和膝盖着地的姿势,再利用双手和双膝练习爬行。

（4）手足爬行（适合 9、10 个月儿童训练）

在婴儿能够熟练进行手膝爬行的基础上,让婴儿抬高臀部、抬起膝部,用两手和两脚支撑身体向前爬行。把家里的小席子卷成圆状,让婴儿趴在席子上,将席子的一边压在身下,家长推动席子,婴儿随着席子的展开而朝前爬;也可让婴儿在地上或床上爬,鼓励婴儿大胆往前爬行。

3. 注意事项

要选择创设较宽敞的场所,铺上干净的地毯、棉垫,婴儿刚进食后不宜立刻进行爬行,应选择在婴儿情绪好的时候,用婴儿喜欢的玩具逗引,每次练习时间不宜太长。可以采用定向爬、转向爬、爬过山洞、爬过障碍物等多种形式调动婴儿对爬行的兴趣。

（二）站立训练

1. 训练目的

学会站立是婴儿身心发展过程中一次大的飞跃,站是走的前驱期,婴儿在学会了站及接下来走的动作之后,其活动力会比之前增加好几倍。一般婴儿在 8 个月大左右可经由扶持而慢慢学习站立,9 个月时能攀扶着家具站起来,到了 10 个月大时就可独立站立。所以在婴儿 9～12 个月时,可以安排站立训练。

2. 训练方法

（1）扶物站起

刚开始时,家长可用双手扶着宝宝腋下让他练习站立,在比较稳定后,可让他扶着小车栏杆、沙发及床栏杆等站立,成人可用玩具或小食品吸引宝宝的注意力,延长其站立时间。在以上练习完成较好的基础上,可让宝宝不扶物独站片刻。

（2）坐椅站起

成人可在宝宝坐的地方放一张椅子,椅子上放一个玩具,大人逗引他去拿玩具,鼓励其先爬到椅子旁边,再扶着椅子站起来。大人是宝宝扶站的最好"拐棍",可站在宝宝旁边,注意保护。

（3）独站

10 个月的婴儿就会独自站立几秒钟,保持身体平衡。当他感觉到自己独站不行时,会伸出手让大人扶他或扶身旁的东西。经过一段时间的训练,可让婴儿双手拿着玩具或举起双手,训练独站的平衡,婴儿独站的时间更长、更稳。

3. 注意事项

正常婴儿7个月大才能伸直膝关节使腿伸直,如果过早让婴儿站会对他腿的发育带来负面的影响。父母要时刻关注婴儿站的动作,注意在其身边给予保护,以防婴儿不小心摔伤。

四、行走动作发展训练

10个月～2岁是学会独立行走的年龄,是孩子从摇摇晃晃走几步到掌握身体平衡行走的阶段。当婴儿开始走路就代表着能灵活地转移身体各部位的重心,并懂得运用四肢,上下肢动作的发展也已经能协调起来。

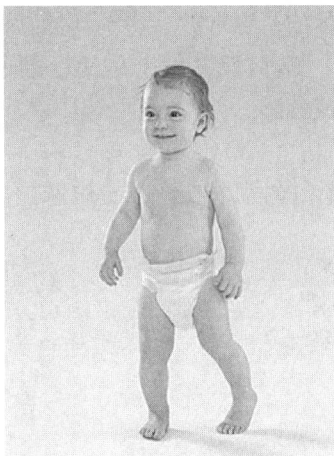

（一）练习走

1. 训练目的

婴儿行走动作的出现是其全身大动作发展的重要飞跃,不仅使婴儿能主动接触事物,有利于各种感官的发展,扩大视野,同时发展婴儿的空间知觉。行走动作的发展使婴儿动作更灵活、协调,使婴儿独立性得到充分的发挥。

2. 训练方法

（1）移步行走

让宝宝面对成人握住成人的双手或成人扶着宝宝的腋下,双脚踩在成人的脚背上,左右交替向前迈步;一段时间后让孩子背对着成人,扶住他的腋下向前行走,练习迈步。

（2）扶东西走

训练孩子扶床沿、栏杆、家具或墙壁移步。此时宝宝扶着东西能够行走,像螃蟹一样扶着栏杆左右移动步伐横走,接下来必须让宝宝学习放开手也能走二至三步,此阶段需要加强宝宝平衡的训练。

（3）推小车走

训练孩子双手扶扒车学走。可利用学步用的推车或是学步车,协助宝宝克服走路的恐惧感觉学习行走。

（4）独走

在床上或草地上让孩子练习独立行走,开始时,成人在两边短距离接应,慢慢延长距离,使孩子学会独行,也可从拉着手走到逐渐松手让孩子自己走进行练习。在孩子会走后,常带孩子到户外活动,练习自如行走。

3. 注意事项

婴儿学习独立行走时,家长在一旁的保护和鼓励必不可少。训练的方法要循序渐进:从移步行走——扶东西走——推小车走——独走。

（二）下肢力量训练

1. 训练目的

腿部力量对儿童的成长有着重要意义,训练下肢可促进腿部肌肉和骨骼生长。当儿童具有熟练的爬行技能和极强的攀高欲望,就会一刻不停地"攀上爬下",这是儿童自我探索、自寻其乐、增强才干的动力。

2. 训练方法

（1）踢球

儿童已经能够扶着床栏、凳子、沙发等由蹲着到站稳,家长可在距儿童的脚3～5厘米处放个球,鼓励儿童用脚踢球,在踢来踢去的过程中,锻炼了大脑的平衡能力,促进了眼—足—脑的协调发展,还建立了"球形物体"能滚动的形象思维。

（2）翻越障碍

家长应创造条件和儿童开展爬"大山""越障碍"的游戏,提高儿童钻爬能力。家长膝盖着地,手撑地搭成一个"山洞",在家长身体的一侧堆放一些玩具,鼓励儿童快速爬行或钻过"山洞";也可以把床上的枕头堆放起来,把玩具放在枕头一侧,鼓励儿童手足爬行翻过去拿回玩具。设置障碍物会增加游戏的趣味性和刺激性,让儿童获得更多的成就感。

3. 注意事项

注意游戏场地尽量干净,家长注意在身边保护,不要过于紧张,鼓励儿童大胆参与游戏,培养儿童勇敢和坚强的人格品质。

育儿宝典

婴儿主被动操

婴儿主被动操适合于6～12个月的婴儿,6～8个月做前四节,9～12个月做全部操节。

第一节:起坐运动

（1）将婴儿双臂拉向胸前,双手距离与肩同宽。

（2）轻轻拉引婴儿使其背部离开床面,拉时不要过猛。

（3）让婴儿自己用劲坐起来。

第二节:起立运动

（1）让婴儿俯卧,成人双手握住其肘部。

（2）让婴儿先跪坐着。

（3）扶婴儿站起。再让婴儿由跪坐至俯卧。

第三节:提腿运动

（1）婴儿俯卧,成人双手握住其双腿。

（2）将婴儿两腿向上抬起成推车状。随月龄增大,可让婴儿双手支持起头部。

第四节:弯腰运动

婴儿背朝成人直立。成人左手扶住其两膝,右手扶住其腹部。在婴儿前方放一个玩具。

（1）让婴儿弯腰前倾。（2）拣起玩具。（3）恢复原样成直立状态。（4）重复两个八拍。

第五节:托腰运动

（1）婴儿仰卧,成人右手托住其腰部,左手按住其踝部。

（2）托起婴儿腰部,使其腹部挺起成桥形。

第六节　游泳运动

（1）让婴儿俯卧,成人双手托住其胸腹部。

（2）悬空向前后摆动,活动婴儿四肢,做游泳动作;重复两个八拍。

第七节：跳跃运动

婴儿与成人面对面，成人用双手扶住其腋下。

（1）把婴儿托起离开床面轻轻跳跃。

（2）重复两个八拍。

第八节：扶走运动

婴儿站立，成人站在其背后，扶住婴儿腋下、前臂或手腕。扶婴儿学走，重复两个八拍。

家长沙龙

婴儿学步车如何使用？

许多家长认为学步车可以帮助婴儿尽快学习行走。其实，学步车反而会使婴儿肢体能力和语言等方面发育迟缓。这是因为婴儿身体的重量由托布承受，失去了在自然条件下学习站立的环境；缺乏学习用脚跟和脚掌站立以及屈膝、伸膝的机会，致使婴儿缺少锻炼保持自身平衡的能力；消除婴儿行走的欲望。

学步车仅适用于学步期的婴儿，过早使用会影响爬行、站立等运动能力的发展；婴儿骨骼承受力弱、易变形，所以每次使用学步车的时间不要超过20分钟；最好在室内使用，远离危险物品，应调节坐垫的高度，防止意外发生。[①]

第三节 　0～1岁婴儿精细动作的发展与锻炼

案例导入

小孙子正处于用手的敏感期。他正在扔手上的乒乓球，奶奶弯下腰帮他捡回来，小孙子又把球扔了出去，就这样扔了十几回。孙子太调皮，奶奶责怪了两句就躲在椅子后面跟小孙子玩扔球游戏，小家伙扔得更起劲了。就这样玩了30分钟，小孙子在整个过程中都非常快乐，老人虽然很累，却没有制止孙子的行为。这位奶奶不太了解孩子为什么要不停地扔东西，但她明白这样扔孩子很高兴，所以她就顺着孩子的意思玩起扔球的游戏。

这就是爱，在教育过程中我们并不能完全了解孩子的内在需要，但只要有爱，我们就不会中止孩子的快乐。很多低学历的家长也能培养出出色的人才，他们并不知道孩子的敏感期，但他们懂得让孩子快乐，他们有满满的爱和一颗宽容的心。

精细动作是手部小肌肉群的运动形式，0～1岁的宝宝，精细动作的发展主要是指手眼协调和手指的活动能力。宝宝最早的精细动作是抓握和取物，之后手部精细动作遵循从简单到复杂、从单手抓握到双手协调的发展规律。精细动作的发展依靠两个方面的条件：一是生理成熟，也就是骨骼、肌肉、大脑的成熟，它决定了

---

① 唐敏，李国祥.0～3岁婴幼儿动作发展与教育[M].上海:复旦大学出版社,2011.

精细动作的发展顺序和习得时间;另一方面就是精细动作方面的早期教育。在婴儿的成长过程中,精细动作发展有一定的阶段性特点,此外每个动作的习得也有它相应的关键期。父母要根据发育特点,积极对宝宝进行有针对性的引导训练,才能促进宝宝精细动作能力的提高,为宝宝体能和智能发育打下基础。

一、本能抓握训练

婴儿时期吮手指是智力发展的一种信号,它标志着婴儿的心理发展进入到一个新的阶段,即进入到手指功能的分化和手眼协调的准备阶段。

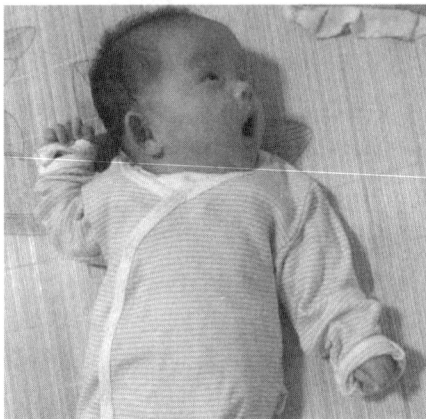

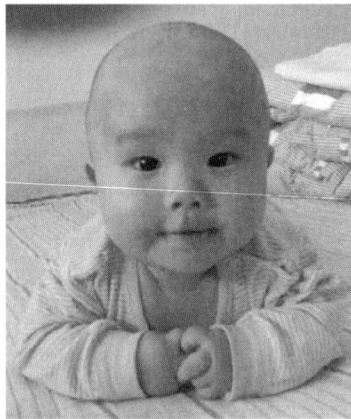

(一)稳定的节拍意识的唤起与建立

1. 训练目的

婴儿出生后,家长就可以开始促进稳定的节拍意识的唤起与建立,这是动作技巧发展相当重要的根基,是幼儿建立未来动作协调性的基础。

2. 训练方法

(1)手触指导

父母在对婴儿说话、唱歌,或是播放音乐时,只要依着稳定的节拍轻拍或轻抚婴儿的手心即可。

(2)按节奏动动手

父母轻哼乐曲用手握住婴儿的手及腕部,按拍子分别将婴儿左、右手依次向他上臂的方向屈曲,或让其两只小手相碰。

3. 注意事项

新生儿出生时已具备完整的听力,成人的这种"手触指导"或触觉刺激,如边说边拍、边唱边走,这些不仅令婴儿觉得非常安心,而且也感知到变化,稳定的节拍意识被有效唤起与建立。通过训练宝宝手部的灵活性,为促进其看手、玩手、吸吮手的能力发展创造条件。

(二)抚摩手指

1. 训练目的

促进婴儿双手从握拳状变为双手张开状,刺激其手部肌肉。

2. 训练方法

(1)捏手指

父母可以经常握握婴儿的小手,捏捏他的小手指。从指尖到掌根依次按摩每个手指,动作要轻。

(2)握握手

父母抚摸婴儿的掌心,他会抓握成人的手指。此时通过手指转动、抽拉等动作刺激他的小手,每天至少要训练2～3次。

3. 注意事项

当成人用手指轻轻碰到新生儿的小手时,会马上感觉被宝宝的小手握得特别紧,这是无意识反射。此时就可以用物体轻轻触碰小手的第一、二指关节,让其感觉不同的物体。2个月后,婴儿才能有意识地去握物。此时可投放一些婴儿可以抓满手的东西进行训练,如细柄玩具、环状小铃铛等,利用婴儿屈肌的紧张,抓住玩具柄。

（三）握持训练

1. 训练目的

锻炼用左、右手握物的能力,丰富手部感受能力。

2. 训练方法

（1）握棒练习

父母除了可以握婴儿的手指之外,还可以让婴儿握笔、哗铃棒等,引导他用拇指与其他四指相对的方法来握住2～3秒不松手。

（2）抓握练习

把不同质地的玩具(如布娃娃、摇铃、拨浪鼓、条状小积木、塑料小球、毛球等)放在婴儿的手中,让他抓握。每日数次,每次30秒。

（3）神奇小小手

父母在婴儿手上拴块红布或戴个哗啦作响的手镯,吸引他看自己的手、玩自己的手和吸吮自己的手。

（4）抓握奶瓶

父母横抱着婴儿并将奶瓶放在他手中,让他左、右手一起握住奶瓶。父母示意婴儿练习吮吸果汁。

3. 注意事项

如果婴儿还不会抓握,成人可以轻轻地抚摸他的手背,宝宝的小手就会张开,此时再把玩具塞到他手里,用自己的大手半握住宝宝的小手,帮助他学习坚持握紧的动作。反复练习抓握动作,有益于婴儿的脑部发展。

此外,0～3个月的婴儿经过尝试,开始用嘴去吸吮自己的手。这是婴儿心理发展的必然阶段,成人不仅不能干涉,而且还应当提供条件协助宝宝玩手。通过吸吮手指,促使眼与手协调行动,为学会准确抓握玩具打下基础。

二、有意识的满把抓握训练

半岁前婴儿手的动作发展很差,眼与手的活动不协调,开始时,只是一种无意的抚摸动作,既不能抓握,又不能看着东西伸手去抓。在5～6个月时,婴儿会进入双手协作能力发展的关键期,此时提供一些可以拍打、抓握的玩具,能促进其精细动作的发展。

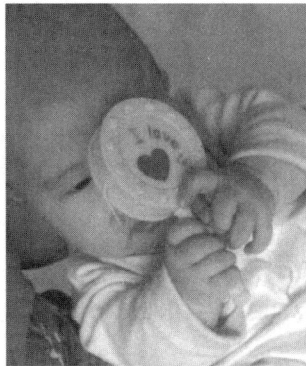

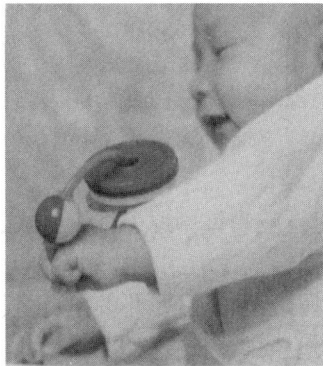

（一）伸手够物

1. 训练目的

伸手够物能延伸婴儿的视觉活动范围和感觉距离,发展婴儿的注意力,为获得手眼协调打好基础。

2. 训练方法

（1）激发碰抓

父母抱着婴儿坐在小桌子旁边,在桌上放一些2×2×2厘米彩色积木,将婴儿的手放到桌子的边缘,让他注意桌子上的积木,并逗引他伸手去抓。

（2）抓眼前的物品

父母在婴儿(呈仰卧位)看得见的地方(30～40厘米高)悬吊色彩鲜艳、有悦耳声音的带响玩具,拉着他的手去够取、抓握,主动触摸。悬吊玩具可以是吹气娃娃、小动物、小灯笼、彩色手套、袜子等,每日数次,每次3～5分钟。

（3）伸手够物

父母与婴儿呈抱坐姿势,选择玩具(小海洋球或乒乓球)在其眼前由左及右、由远及近的晃动,眼睛会追视玩具,逗引他伸手抓握,用两只手一前一后将它抱住后亲吻鼓励。

（4）单手够取

父母在婴儿(呈俯卧位)的面前放些玩具,逗引他左、右手分别伸手去够,并用一只手支撑上身。父母促使其单手准确够取,主动触摸并练习抓握。

（5）够悬吊物

父母在婴儿眼前轻轻甩动绳子让玩具晃动,逗引他先用手摸,再把玩具甩远,宝宝便会伸手去够,玩具又再晃动起来。经过多次努力,两只手终于将它抓住。

（6）主动抓握

父母两人一个抱着婴儿,另一个先在离宝宝1米处用玩具逗引他,观察他是否注意。再渐渐缩短距离靠近玩具,让宝宝一伸手即可触到玩具。如果宝宝不会主动伸手朝玩具接近,可引导他用手去抓握玩具、去触摸、摆弄玩具。

（7）手抓障碍物

父母将婴儿平躺在床上,用纱巾盖在他的脸上,逗引:"宝宝,妈妈不见啦。"纱巾让他抓掉后,逗引:"宝贝,妈妈在这里。"

3. 注意事项

4～5个月的婴儿,手眼配合基本协调,成人可让宝宝练习有目的地抓东西。如果宝宝抓不准,可以帮他把玩具移到准确的方位,逗引宝宝左、右手分别练习。成人提供的玩具既要色彩鲜艳、生动有趣,又可以让婴儿体验到够取后的乐趣。这阶段的婴儿抓物动作发展很快,从抓握大的物体到抓握小的物体,手的灵巧性不断地提高,每天应当多次地、有相当时间地让婴儿的手有物可抓握。

（二）摇动、敲打玩具

1. 训练目的

训练手眼协调能力,发展双手肌肉运动能力。

2. 训练方法

（1）单手摇铃

婴儿呈仰卧位,父母摇响哗铃棒逗引,示意他去摇动,发出声响以亲吻鼓励。

（2）听指令摇响

父母先在桌上投放拨浪鼓,逗引婴儿去抓;再投放一件捏响玩具,让他用另一手去抓。从无意中的摇晃、捏响到听父母指令有意地摇晃、捏响玩具。

3. 注意事项

随着月龄的增加,婴儿的小手和眼逐渐配合起来有目的、有方向地活动。此时的抓握是大拇指与其他四指分开,还不是用手指握物,是以内侧手掌和外侧手掌握物。训练时可以用能捏挤发声的橡皮玩具,用塑料、木材、不锈钢等不同材质制成的小汤勺和带壳花生、核桃等干果逗引宝宝伸手去抓握、摇晃、摆弄。

（三）左、右手协调练习

1. 训练目的

增强手和手指的协调能力以及左、右手与眼的协调能力。

2. 训练方法

（1）双手协调抓持

父母先在桌上放一个玩具，婴儿用一手去拿；再递另一玩具给他，如他用另一只手来拿就不给，用语言示意他用拿玩具的手来拿，训练婴儿将手上玩具换到另一手，再伸手拿父母递来的另一件玩具。开始父母可进行辅助动作练习，等他有所意识，再连续向另一手递玩具。

（2）玩具换手

父母先在桌上放一些能抓得住的小玩具，先让婴儿两手各抓一个玩具（一个一个地给），然后再递给他玩具，用语言示意他要空手来拿，训练他扔掉手中的原有玩具，接过新玩具抓在手心。

（3）斗、斗——飞

让婴儿背靠在妈妈的怀里坐着，妈妈两手分别握着他的双手，用食指和拇指抓住婴儿的食指，让他的两个食指尖对拢点几下然后分开，两食指尖对点时说"斗、斗、斗、斗"（每念一次，食指尖对点一下），分开时说"飞——"。

（4）拇指、它指撕纸

把婴儿抱在桌前，父母拿纸条或彩色纸条晃动，吸引他，示意他抓住。让他自由地拉，父母也可以双手和婴儿一起用拇指、它指配合做撕、捏的动作。

3. 注意事项

婴儿手部控制能力逐渐增强了，喜欢到处试试自己的动手能力，爸爸的衣服、妈妈的头发都是他试验的对象。这阶段婴儿用手抓表现出两种状态：用手抓住物体或是将物体夹在手指和手掌之间。在抓握动作的训练过程中，投放的物体一定要小。训练中婴儿左、右手都要有同样的机会得到练习，用语言引导完成动作和及时鼓励婴儿是两个重要的环节。

三、拇、食指及拇、食、中指的协调抓握训练

训练五指分化协作可以使婴儿的生理和心理发育进入一个新的阶段。7个月左右的婴儿已经表现出初步的"对指"能力，这个时期正是锻炼精细动作、发展五指分化作用的关键期。

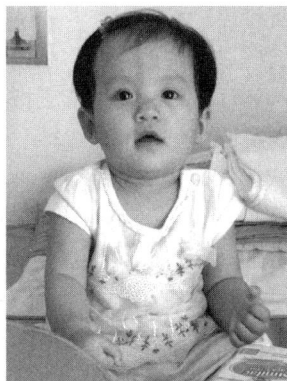

（一）抓握、对敲训练

1. 训练目的

学习敲、摇、拉的动作，培养手的灵活性。

2. 训练方法

(1) 敲击小鼓

父母在桌上放一个木琴或小鼓、一根棒槌、一支铅笔,让婴儿两手分别拿棒槌和铅笔,同时敲打小鼓。两手愿意替换工具敲打。

(2) 对击敲响

父母和婴儿各准备一副可以对击敲响的玩具(茶叶罐、小积木),大人示范敲响和对击敲响动作。各自练习成功后,父母和婴儿面对面坐好,用语言示意进行两人对敲。

(3) 有趣的面巾纸

父母给婴儿一盒面巾纸,露出一张,让他把面巾纸从盒子里一张一张抽拉出来;也可以将他喜欢的玩具藏在纸巾或手帕下面,逗引他拉开纸巾,当他发现玩具时父母要表扬他。

3. 注意事项

婴儿的抓、握技巧逐渐提升,会拉扯物体的不同部位,精确性越来越好。特别是手眼协调能力有了很大的发展,能够抓起小食品,放进自己的嘴里。若要连续拿着啃咬还会因为手部力量不够持久发生丢弃,家长对这些动作发展需要给予帮助。

(二) 拇指、食指配合

1. 训练目的

发展拇指、食指捏取能力,加强手指动作的灵活性和视觉、触觉活动的协调。

2. 训练方法

(1) 听指令抓握

父母与婴儿同向坐在桌子旁,拿出各种大小适中的物品(鱼肝油胶丸、爆米花、鱼皮花生),让婴儿听指令抓握往盘子里放。

(2) 拇指、它指相向取物

婴儿在床上呈俯卧位,父母在他面前摆放会动的动物玩具,让婴儿用拇指与其他四指相向抓取。

(3) 端杯喝水

父母与婴儿同向坐在桌子旁,拿出装有少许温开水的水杯(起初用引水口的水杯,熟练后用带把的水杯)。妈妈先扶着宝宝的手拿起杯子,把杯子递到他嘴边,让他喝水。而后轻轻拿开手,让宝宝自己端着杯子喝水。

(4) 捡圆饼干

父母在桌上放一些饼干,与婴儿同向坐在桌子旁,先示范用拇指、食指和中指去抓,再帮助他收紧末二指练习抓捏饼干吃。

(5) 拇指、食指对捏

父母先在桌上放一些彩色小糖果、小馒头,示范伸出大拇指和食指呈钳形动作拿糖果到盘子里或嘴里的动作。父母与婴儿同向坐,帮助他收紧末三指,只用大拇指和食指两指捏取。

(6) 拇指、食指对捏撕纸

父母给宝宝准备一些软硬不同的纸张,相向坐好,先撕开一两个小口子,再教他双手分别握着纸张的两边学习拇指、食指对捏撕纸。父母继续逗引宝宝用拇指或食指去钳取撕下来的纸条和纸屑。

3. 注意事项

到了这个月龄,婴儿的抓握精确性越来越好,已经掌握了人类拿东西的典型动作,而且喜欢同时运用两种物体做重复的动作。这样的重复动作他非但不会觉得无聊反倒对动作的效应感兴趣。自此以后,婴儿不再只用嘴来辨认物体,手成为他认识客观事物的工具,经过双手的触摸、拿捏,从而产生感知。家长要理解孩子的想法,陪伴他成功尝试。家长应当创造条件,多给孩子练习机会,让孩子得到满足。

(三) 食指拨弄

1. 训练目的

锻炼五指功能分化,培养手的灵活性,促进小肌肉发展。

2. 训练方法

（1）单指按开关

父母给孩子准备一把小手电筒或摁钮台灯,教他用食指按开关,让他体验按这一动作之后的新发现。

（2）斗鸡鸡

妈妈与婴儿同向坐着,同时两手分别握着孩子的双手,用食指和拇指抓住婴儿的食指。爸爸也可面向他们做示范动作。让孩子的两个食指尖对碰,点三下后分开左右摇,两食指尖对点时说:"斗鸡鸡。"(每念一字,食指尖对点一下),分开左右摇时说:"不生气。"接着让他的两个食指尖互相摩擦,此时说:"两个都是好兄弟。"

（3）食指拨弄

父母逗引孩子的食指拨弄带孔或带齿小转盘玩具,学会用食指拨弄产生声响。

3. 注意事项

7～9个月的婴儿小手灵活性更强了,这个时候他最喜欢做的事情就是用食指去抠小动物的眼睛和鼻孔,这表明婴儿能够把他的食指逐渐分化出来了。对于七八个月的宝宝要给他买一些可以用手指拨弄并且产生声响的玩具,四壁有不同洞洞眼的玩具孩子会很喜欢,家长可以用剪刀做一些不同的洞眼的玩具让孩子去玩。但是这个洞眼不要小于一厘米,要不然孩子的手指会卡在里面,另外洞洞眼周围要平滑不要锋利或带刺。

（四）拇指、食指和中指的协调抓握练习

1. 训练目的

发展拇指、食指动作的精细性,锻炼手眼协调能力,让婴儿感知物体的颜色和形状。

2. 训练方法

（1）拾拾放放

父母向婴儿示意手中的小筐,并示范把筐里的彩色小五星倒在桌上,再一颗一颗地往筐里放。协助宝宝将小五星从小筐里倒出来,鼓励他再将小五星放进小筐里,左右手都来练习。

（2）双手托气球

父母抱着婴儿同向坐好,先用自己的手托起装有少许细沙的气球给他看,然后再拉他的两只手一起托起气球,不让气球跑掉。

（3）推物拍手

父母与婴儿在床上相向坐着,在二人中间放一个不倒翁让婴儿不停地去推,高兴的话就示范拍手或拉着孩子的两只小手拍一拍。

（4）开、盖盒子

父母帮宝宝准备一些不同颜色的盒子(透明塑料盒、鞋盒、空的纸巾盒和扑克牌、礼物盒等),在盒子里放一些小玩具,让他重复玩"打开、盖上、拿出来、放进去"的动作。刚开始可以用透明的盒子吸引他,等宝宝对开盒子感兴趣后,就可以让他玩其他盒子。

（5）扔纸团

父母给婴儿准备一些纸团、小沙包、小积木,在他面前扔几次,等婴儿发现其中的乐趣时,让孩子扔个够。此项练习可以锻炼婴儿的手臂力量,父母要及时给予鼓励。

（6）手推滚筒

将圆柱体的滚筒(也可用饮料瓶代替)放在地上,让孩子用两只手推动它向前滚动,待他熟练后,再让他用一只手推动滚筒,并把它滚到指定地点。做对了,给予鼓励。

3. 注意事项

婴儿在8个月到1岁之间会不停地把手中的东西扔掉,再要求家长捡给他再扔掉,不停地做这个动作直至他满意为止。这时候的孩子正在锻炼怎样放手,他会发现原来一松手,手中的东西就会掉下去。多试几次后,还会发现手臂用力,手中的东西掉得远一些。此时的尝试得到最亲近的人的认可和鼓励,孩子会扔得更快乐。

3. 注意事项

随着婴儿操作能力的提高,他不再喜欢把东西放进嘴里,转而开始用手向人做欢迎、再见、挥手手势。这个月龄的婴儿,手的动作灵活复杂,开始要试用工具,想要拿勺子吃饭、拿杯子喝水,尽管姿势不对,效果不好,但总不甘心失败。这时候如果家长伸手阻拦会伤害孩子的自信心。

四、抓放可逆训练

这个年龄阶段是儿童双手控制物品运动能力发展的一个非常重要时期,也是发展迅速的时期。

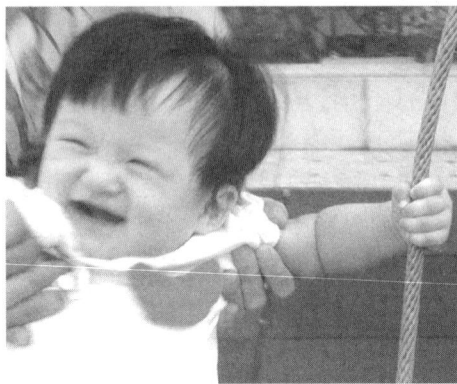

（一）训练抓放可逆

1. 训练目的

培养手的灵活性,锻炼婴儿手部动作的准确性和手眼协调能力,增强空间感知能力。

2. 训练方法

（1）玩套叠玩具

父母给宝宝准备中间有洞的不同形状积木和底座(套叠玩具),大人先示范套的动作,然后让宝宝自己套。

（2）垒高积木

父母在桌上给宝宝准备一些积木,示范一个一个地往上搭高楼,让宝宝模仿垒高2～5层高或垒长积木,左、右手都要练习。

（3）玩套碗

父母在桌上给宝宝准备套碗(套塔),逗引他把大的碗放在下面,小的碗放在上面,玩垒高的游戏。大人可以适当帮忙,让孩子体验成功的快乐。

3. 注意事项

积木、面团、拼插玩具都具有训练手的精巧运动、手眼协调能力和激发孩子想象力的作用,家长可以先示范玩法,然后让孩子自己想怎么玩就怎么玩。

（二）双手的初步协作训练

1. 训练目的

发展双手的协调性,增强手腕转动的能力。

2. 训练方法

（1）剥糖果纸

父母在桌上给宝宝准备一些用糖果纸包的奶片、小方木,相向坐好练习剥糖果纸。大人先示范动作,让宝宝模仿。此练习是训练婴儿手指的捏、放功能。

（2）用勺搅拌

父母在桌上给宝宝准备半塑料杯的温开水、奶粉、勺子,让他一只手扶着杯子,另一只手由成人拉着,用勺子搅拌奶粉后试着用勺子盛奶喝。

（3）垒高积木

父母在桌上给宝宝准备一些积木，示范一个一个地往上搭高楼，让宝宝模仿，可达2~5层高。也可以玩搭长积木。

（4）涂涂画画

父母让宝宝握（用全掌握）着彩笔在白纸上乱涂乱画，戳出点和道道，训练手、手腕的诸多关节与小肌肉群协调动作，为顺利学会执笔打好基础。

（5）双手玩玩具

父母投放细柄玩具（汤匙、摇铃），当宝宝两手均持有玩具时，可逗引他两手模仿敲鼓动作，双手轮回敲打面前的空奶粉罐。

（6）开、合书本

父母和宝宝一起看3~4页布书或硬皮书，边讲边示范拇指、食指捏书下角翻页，逐步让他学会独立打开、合上书本。

（7）神奇布袋

父母在宝宝面前往布袋里装独立包装的蜜饯，逗引他双手配合着拿出蜜饯，再听指令把放在旁边的小动物布偶装进布袋。

（8）掀、放、盖、倒练习

父母给宝宝准备木糖醇的瓶子和用橡皮擦切成小粒的橡皮，先逗引他把瓶盖掀开接着将小橡皮一粒一粒放进瓶子，再逗引他合上盖子摇一摇；最后出示小筐逗引他打开盖子把小橡皮倒进筐里。

3. 注意事项

这个阶段的宝宝不厌其烦地把一件东西反复地打开再合上，从而在这些探索活动中，获得相关物体的性质、物体与物体间空间关系的初步感受。家长要抓住机会，培养宝宝的观察力和感知力。同时要给宝宝足够的精神鼓励，鼓励他大胆地去探索。

育儿宝典

0~1岁婴儿精细动作训练内容和方法

0~6个月婴儿主要是多做抓、握动作，7~12个月主要是训练手部的操作能力，如用手拍打、取物、抓握和松开，扔东西和敲击等活动。婴儿双手相互敲击物品是评价手眼协调能力的主要内容。

家长要让婴儿自由活动手脚，帮助宝宝"发现"小手。家长可以帮助婴儿做手指按摩操，训练触觉和手指灵活活动能力。对儿童进行触摸抓握等训练，包括给物训练、放手训练、交换取物、拍拉悬挂物、左右传递玩具、两手互敲等。训练婴儿前三指抓握、释放练习能力，包括捏海绵、指东西、捡豆豆、放物入瓶等游戏活动。同时进行儿童双手协调能力训练，如让4~5个月婴儿抱奶瓶吃奶、拿小磨牙食品吃、拿水果、拍手、搭积木等游戏活动。准备婴儿精细动作训练材料时，家长要特别注意细小物品的安全，避免婴儿放入嘴里。

家长沙龙

为什么婴儿特别爱吃手?

手是婴儿感知世界的开始,在手动作发育的同时,大部分婴儿出现将物体送到口里的动作。对几个月婴儿来说,嘴唇和手是触觉最敏感的地方,口的功能是巨大的,婴儿通过吸吮感知手的存在、感知手的抓握功能,当婴儿知道自己的小手能抓握东西后,就会通过手把周围抓到的物品都送到嘴里进行"检验",这个过程也完成和健全口腔的功能,当婴儿开始尝试用口和手进行探知时,他对世界的认知就开始了。婴儿口腔敏感期在婴儿6个月左右来临,这一敏感期持续的长短与婴儿所处的环境存在着很大的关系。婴儿口腔敏感期到来时,会有啃、咬、吮吸的欲望,所以婴儿特别爱吃手。如果家长过度保护和限制,婴儿得不到满足和释放,就会推迟婴儿口腔敏感期。口腔敏感期严重得不到满足的婴儿,会把注意力固定在食物上,而无法集中精力学习。这一时期的家长要有耐心,允许婴儿吃手,允许婴儿用口去探索他想要探究的物品。只有满足婴儿口腔的敏感期,才会在口腔敏感期结束后迎来手的敏感期。[1]

当婴儿完全用口将手唤醒之后,手对世界的探索和认知就开始了。当婴儿喜欢抓黏稠的物品时、当婴儿喜欢用手不停扔东西时、当婴儿尝试用拇指和食指配合着抓细小食品时,就预示着婴儿手的敏感期到来了。手是人类智慧的工具,婴儿用手来思考,手的自由使用不仅表达了婴儿的思维,也表达了婴儿思考的过程。因此家长要加强对婴儿双手精细动作的锻炼。

如果婴儿吃手严重,就要关注婴儿生活情形。一般有三个原因:一是为了减轻内心的焦虑和不安全感,因而把自己的手指放进嘴里作安慰;二是妈妈喂奶方式不当,不能满足婴儿吮吸欲望;三是婴儿处于用嘴感知世界的阶段而得不到满足和照料。分析三种原因,家长就要明白:在喂奶时不要心急,要等婴儿主动吐出乳头再离开,边喂奶边观察婴儿表情,让他有一种满足感;当婴儿吃手指时,转移他的注意力,多让他进行动手游戏;当婴儿睡醒后,不要让他独自呆太久,以免婴儿感到无聊而吃手。[2]

手—口动作有助于婴儿接触、了解各种物体的形状与味道,是婴儿与外部世界交流的一种形式,家长不应该阻止这个动作,应多与婴儿一起游戏,应把婴儿常抓的物体洗净、消毒,鼓励婴儿的手—口动作。通过手—口动作,也可促进婴儿精细动作更好地发展。

【反思与实践】

1. 针对8个月的婴儿特点设计一个大动作能力发展训练游戏,应包括游戏名称、游戏目的、游戏时间、每天次数、游戏方法、注意事项。

2. 针对10个月的婴儿特点设计一个精细动作发展训练游戏,应包括游戏名称、游戏目的、游戏时间、每天次数、游戏方法、注意事项。

① 李利. 蒙台梭利解读儿童敏感期[M]. 北京:化学工业出版社,2011.
② 陶红亮. 0～3岁婴幼儿游戏方案[M]. 长春:吉林科学技术出版社,2010.

第三章

1～2岁儿童动作发展与训练

1～2岁的儿童是活跃的运动家,每天都在不断地探索、尝试,在行走动作发展的同时,各方面能力均得到较大的提高,儿童的认知、情感及其他动作的发展将从此获得一个更广阔的平台。正如蒙台梭利所说:"运动不仅是人体的必要,而且是人的智力发展的必要,因为人要想与外界现实建立明确关系,达到目标的唯一途径就是运动。儿童在运动中还可以通过自主地控制、运用器官,得以实现自己的意志,是儿童智慧成果的外在展现。"

第一节　1～2岁儿童动作发展教育

案例导入

在妈妈的眼睛里,冉冉是个好动、活泼的宝宝,她似乎总是喜欢给自己增加麻烦。看,放着平坦的大马路不走,冉冉偏偏喜欢走在马路牙子上,看着她打开双臂、努力保持着自己的平衡,一步一步小心翼翼地走在上面,因为紧张,小鼻头都渗出了汗珠……妈妈被冉冉专注的神情逗乐了:"这个傻孩子,何苦这样为难自己呢?"其实,儿童乐此不疲地不走寻常路,是在进行平衡能力的练习,也是他对自己分寸感、自信心、意志力的锻炼。别小看了这些看似为难自己的动作,其实,儿童是想借助这些动作将控制身体平衡的能力与自身进行良好的结合。[1]

1～2岁的儿童,身体各方面的快速成长较之前缓慢下来,取而代之的是各种能力的飞速发展。行走、投掷、爬上爬下,活动能力和好奇心大大增强,独立意识有所提高,小肌肉动作也有所发展。这个阶段的儿童往往让父母既为儿童的能力惊喜,也为儿童的安全担忧。[2]

---

[1] 李利. 蒙台梭利解读儿童敏感期[M]. 北京:化学工业出版社,2011.
[2] 本书编写组. 0～3岁婴幼儿早期教育家长指导手册[M]. 福州:福建人民出版社,2010.

一、儿童大动作发展特点

这个时期是动作发展的敏感期,在大动作发展上,每个儿童都有各自的时间表,成人应该在充分了解该年龄段大动作发展特点的基础上根据实际情况加以指导。

(一)儿童大动作发展生理特点

这一阶段的儿童身心发展的速度比第一年缓慢了许多,神经系统发育已比较完善,自主活动每天可达3～5 个小时。随着活动量的增加,儿童身上的脂肪有所减少,肌肉逐步发育,腿和上肢逐渐加长,具备了独立行走的能力,使他们能主动接触各种事物,促进感知觉和思维发展,从各方面认识世界扩大知识范围。同时,随着活动范围的扩大,危险也逐渐增多,此时的儿童往往不顾前后地到处乱跑乱蹦而摔倒,很容易摔伤碰伤。

(二)儿童大动作发展水平

12～15 个月的儿童能独立行走,行走时起动、停止及转弯皆能控制自如,不会跌倒,能独立从俯卧转换至站立;会将球滚来滚去,会把球丢出去,但无法丢在定点;能爬上楼梯。16～18 个月的儿童会跑步但不稳定;能用一手扶着扶手上楼梯,能爬下楼梯;会爬上大人坐的椅子;扶着时能单脚站。19～24 个月的儿童能用一只手扶着扶手下楼梯;会蹲着玩,且不扶东西能从蹲姿转换至站姿,或从站姿转换至蹲姿,皆能控制自如不会跌倒;能连续跑 3～4 米;原地跳跃双脚能同时离地;会举手过肩扔球,会踢大球。

二、儿童精细动作发展特点

个体手部的精细动作能力对个体适应生存及实现自身发展具有重要意义。儿童时期是使儿童小肌肉变得更加灵活的关键阶段,通过适时、适宜地引导帮助儿童拥有一双精巧、灵活、协调的双手,对儿童的发育和发展有益有效。

(一)儿童精细动作发展生理特点

1～2 岁儿童手部小肌肉群已经有较好的发展,具备了灵活运动的能力,掌握了许多基本动作,可以自如地摆弄一些比较小的物体。但上肢和手部基本动作发展还不完善,经常让儿童摆弄物体和玩具,可以帮助儿童发展手部的基本动作。与此同时,儿童的内心世界也更加丰富起来,好奇心特别强,只要是眼睛看到的、手抓到的东西都非常感兴趣,拿来往嘴里塞塞、咬咬、敲敲打打地玩个不停,此时父母应注意为儿童营造一个清洁、安全、温馨的生活环境。

(二)儿童精细动作发展水平

12～15 个月的儿童双手能协作玩弄物体和玩具,能拇指与食指、中指相对,用指尖抓起物体;搭积木从可搭 2～3 块积木到搭 4 块积木、排火车;准确投小丸等物入小瓶,抓豆豆;会自发地画画。16～18 个月的儿童会模仿成人的动作,如敲击、扫地;尝试用拇指、食指、中指三个手指握笔自由涂鸦;搭 3～4 块积木造塔;双手扶杯喝水,学用小勺进食,会脱袜子。19～24 个月的儿童可以做更精细的动作了,会穿珠子,手眼初步协调;能一页一页地翻书;能穿鞋袜、手套;能旋转和拧动东西、拉拉链;搭积木会垒高 4 层。

三、儿童动作发展训练要点[①]

蒙台梭利曾说道:"经历敏感期的小孩,其无助的身体正受到一种神圣命令的指挥,其小小心灵也受到鼓舞。"如果儿童在动作敏感期缺乏开发训练,或受到非科学的杂乱无章的训练,儿童的运动能力将受到阻碍,

---

① 本书编写组. 0～3 岁婴幼儿早期教育家长指导手册[M]. 福州:福建人民出版社,2010.

很难达到理想的水平。因此,根据1～2岁儿童动作发展特点和规律,在儿童动作发展训练上要把握好以下五个要点。

(一)遵循规律,循序渐进

儿童的身体发展有先后次序,其动作的发展也具有一定的规律,任何一个儿童的动作都是按照从整体动作到分化动作、从上部动作到下部动作、从大肌肉动作到小肌肉动作、从中央部位动作到边缘部位动作、从无意动作到有意动作这些规律发展的。家长应依次进行相应的训练,以得到事半功倍的效果。如:由易到难学习行走,家长可先搀扶着儿童进行练习,再到扶墙、扶床沿走,直至放手让儿童自己走。当儿童在平地走得较平稳时可学习走楼梯,练习时也应小步递进,帮助儿童获得成功体验,乐于锻炼。

(二)创设环境,保证安全

1～2岁儿童由于神经系统发育不完善,缺乏独立运动能力及运动中的自我控制能力,对世界充满好奇心、探索欲,安全意识尚未形成,往往为了极力扩大自己的认知范围,会爬高爬低、三步并作两步跑、尝试开关门等,摔跤、夹手、划伤等意外伤害就会显著增多。因此这一时期训练儿童的运动能力必须在家长的保护和指导下进行,注意游戏环境、材料的安全性,以防发生意外伤害。在进行大肌肉动作能力训练过程中,要防止跌伤、碰伤、从高处坠落等情况发生;在训练小肌肉精细动作时,应避免儿童将细小物品放入口中或塞入耳鼻中。

(三)关注差异,因人而异

儿童动作能力发展的个体差异非常显著,分析其原因主要有以下两个方面。一方面,主要由于运动经验不同,不同阶段的儿童所经历的运动过程是不同的,年龄越小动作的可塑性就越大,其差异性就越显著;运动得越早,练习得越多,发展就越好;相反,运动得越晚,练习得越少,发展就越有可能滞后。另一方面,主要由于性格气质的不同,一般情况下乐观活泼的儿童经常运动,动作发展水平比较高,而内向胆小的儿童,多数情况下运动比较少,因而运动能力相对比较弱。因此,在动作训练过程中要注重个体差异,因人而异,有针对性地进行个别指导,切不可整齐划一,统一要求。

(四)利用资源,变废为宝

儿童动作的发展离不开各种活动。经常在户外、游戏场地、草地或树林中玩耍的儿童,行走、跑跳等动作就会比较自如、灵巧。因此,家长应经常带儿童到大自然、户外活动,充分利用社区中的游乐设施、健身等场所,因地制宜地利用这些条件让儿童在玩耍和游戏中促进运动能力的发展。在精细动作的发展上,家长可利用家中的废旧材料自制玩具,并注意拟人化和趣味性。如"给小动物喂食"游戏,可用纸盒、方便面盒贴上小动物的脸,根据儿童的能力水平挖出不同大小的"嘴",再提供花生、蚕豆等食物,让儿童练习用手指或勺子给小动物喂食,材料的趣味性能激发儿童的活动热情,多次练习才能有效发展动作的协调性和灵活性。

(五)亲子同乐,提高效率

家长以积极的态度与儿童共同游戏能有效地促进儿童运动能力和精细动作的发展。家长应经常陪伴儿童做各种游戏,指导儿童运用正确的方法运动和操作,并在欢快、轻松的游戏氛围中进行。如:以游戏或游戏的口吻教儿童怎样滚球、扔球、踢球等,还可以带领儿童做动物模仿操。此外家长可教儿童如何用手指捏取细小物品、怎样将积木放入小盒子里、怎样将瓶子里的糖丸倒出来等动作技巧。这些活动既锻炼了儿童的运动能力、动手能力,又促进了身心和谐发展。在亲子共同游戏中,家长还要注意安全,把握好活动时间和运动强度,防止操之过急的疲劳练习。此阶段儿童活动的时间约为5～8分钟,运动以微微出汗为宜。亲子同乐不仅促进儿童动作的发展,还能加深情感交流、融洽亲子关系。

育儿宝典

儿童学走路　牵手莫忘护肘

　　明明在蹒跚学步时，奶奶见明明走路摇晃不稳，就拉着明明的右手臂行走，谁知还未走上几圈，明明忽然哭闹起来，右手臂垂下来就不能自由动弹了。此时，奶奶慌了神，又是用手轻揉，又是热敷，都不见效，赶紧叫邻居帮忙急送医院求治。经医生检查，患儿系右侧桡骨半脱位，即民间所说的"牵拉肘"。

　　牵拉肘，俗名"肘错位"，医学术语叫做"小儿桡骨头半脱位"。牵拉肘是许多家长或亲属带儿童玩耍时"好心出差错"而惹下的麻烦。当给儿童穿衣服，或拉着手散步，上下楼梯突然跌倒，猛然牵拉儿童的胳膊后，都会发生牵拉肘。这时儿童骤然间啼哭不止，或喊叫被牵拉的胳膊疼痛。儿童的肘关节往往呈半屈位，前臂呈旋前位，不敢旋后，不能抬举与取物，不能自由活动，在肘关节的桡骨头处有压痛，局部却无明显的肿胀和畸形。这种错位易发于4岁以下的儿童，6岁以后就少见了。这是因为4岁以下的儿童桡骨头上端发育尚未完全，肘关节囊及韧带均较松弛薄弱所致。由于"肘错位"后患肢疼痛致活动受限，容易被忽略或误诊为其他肘、肩部损伤而延误处理。牵拉肘的诊断并不难，关键在于对本病有所认识。患儿一般都有患肢被纵向牵拉的病史。伤后因局部疼痛而啼哭不止，肘关节处于半屈位，前臂呈旋前位，拒绝他人抚摸患肢，不肯举手及用手取物。肩部、腕部及手指活动正常。仔细检查时，可发现肘前外侧桡骨头处有压痛。[1]

家长沙龙

解读儿童爱扔东西的行为

　　1岁多的儿童喜欢故意扔东西玩。他们坐在床上倾斜着身子，一本正经地把一件一件玩具、一块一块食品或其他东西向地上扔去。扔完了就要大人帮着捡起来，然后又把它们统统扔掉。许多父母对此很反感，认为给自己带来了很多麻烦。然而，他们不知道，对儿童来说，这是一件很有意义的事情。首先，这标志着儿童能初步有意识地控制自己的手了，这是大脑、骨骼、肌肉以及手眼协调活动的结果。反复扔物，对于训练儿童的动作和感知觉也有促进作用。其次，通过扔东西，可使儿童看到自己的动作能够影响其他事物，使之发生位置或形态上的变化。由此可见，扔物是儿童身心发展自然而正常的需要，家长不应极力阻止和限制，而应注意引导，如：扔的物品要安全；同时让儿童知道什么东西可以扔，什么东西不能扔。[2]通过游戏练习可以发展儿童手腕、手指灵活运动能力。

① 中国早教网.婴儿学走路牵手莫忘护肘. http://www.zaojiao.com/2010/0527/132210.html,2010(5).
② 林敬.图解婴幼儿智能开发百科[M].北京：中医古籍出版社,2012.

第二节　1～2岁儿童大动作的发展与训练

案例导入

　　柔柔的大运动发展特别顺畅，迎接了一个又一个崭新的挑战：无论翻身、坐、爬都非常灵活，一岁左右出现走的敏感期，喜欢变换不同的地方、方式到处漫游。会走之后柔柔有了新的挑战：一段时间柔柔特别喜欢走带有坡度的路面，上坡还算轻松，下坡时，柔柔有些紧张，开始她还不能很好地控制自己的身体，慢慢地，她下坡的速度越来越快了，轻松、自如，即便是有人突然出现在地面前，柔柔也能突然把脚步刹住。[①]

　　众多理论和实践研究证明，婴幼儿时期是大动作产生和发展的关键期，应尽早进行全方位的动作训练。特别要指出的是，1～2岁为走路的敏感期，即便走得摇摇晃晃，儿童都要自己体会直立行走的感觉，只要没有危险，不要干涉儿童，给儿童一片自由探索的天空。

一、独走和攀爬等动作训练

　　1岁～1岁半儿童对世界充满好奇，他们不再唯命是从，喜欢东奔西走，探索性的活动是他们进步的动力，因此这一阶段应提供机会训练儿童走、跑、爬高等大动作的发展。

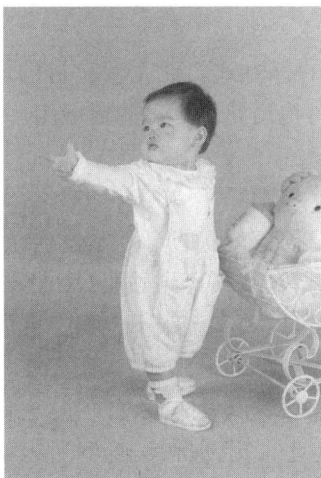

（一）走的训练

1. 训练目的

　　1岁之后的儿童已经会蹒跚地走路，因此这个阶段首先要教儿童走稳，会起步、停步、转弯、蹲下、站起来、向前走、向后退，夸张的"高抬腿"动作消失了，没有明显的脚尖着地现象，身体平衡能力和灵活性进一步发展起来。

---

① 李利. 蒙台梭利解读儿童敏感期[M]. 北京：化学工业出版社，2011.

2. 训练方法

（1）独走

妈妈手拿一个儿童比较喜欢的玩具,在距儿童两三步远处逗引其走过去,爸爸则在儿童背后随时注意保护他。为充分练习儿童的独走能力,家长要注意慢慢向后退,逐步延长距离,在儿童会走后,常带儿童到户外活动,练习自如行走。

（2）拖拉玩具走

拿出小拖车之类的拖拉玩具吸引儿童的注意力,告诉儿童玩具的名称,给儿童示范怎样拉着玩具走,让儿童拉着小拖车之类的拖拉玩具练习走路。同时可以设置一些小障碍物,让儿童学习拉着玩具侧着走和转弯。

（3）蚂蚁搬家

选择不同颜色、形状和质地的玩具,将玩具放在沙发上或把玩具堆放在远处的地板上,鼓励儿童爬或走将玩具捡起来,一个一个搬运到玩具筐里,一次只搬运一个玩具,家长注意保护儿童,可和儿童一起搬家。这个游戏主要练习弯腰、捡物、站起的动作,训练儿童下肢力量,有意识培养儿童收拾玩具的习惯,可以有效地增加儿童自我服务意识和能力,塑造儿童对自己行为负责的良好品格。[①]

（4）倒退走

让儿童面对家长握住家长的双手,双脚踩在家长的脚背上,家长左右交替向前迈步;一段时间后让儿童独自站在地面,面对家长握住家长的双手,练习倒退走;最后鼓励儿童独自倒退走,家长要帮儿童看着身后,避免有其他物品绊倒儿童。

3. 注意事项

儿童刚学会独立走路后练习的积极性最高,家长应创造机会,循序渐进地让儿童自己走路。同时应采取一些充满趣味的游戏来调动儿童的积极性,注意排除活动区域的不安全因素,保护好儿童,以防儿童因摔倒或受到惊吓从而减少学走路的兴趣,让他能够快乐地行走。

（二）跑的训练

1. 训练目的

"跑"是全身的运动,需要大脑起协调作用,是发展运动智慧的好方式。让儿童有目的地奔跑,有助于增强儿童腿部肌肉的力量和耐力,增进儿童的身体协调与运动能力,提高儿童运动的灵敏度。

2. 训练方法

（1）拉着跑

家长面对宝宝,拉着宝宝的双手,两人组成一列"火车",家长当火车头后退跑,鼓励宝宝往前跑。也可以让宝宝站在家长后面,拉着家长的衣服,嘴里发出"咔嚓咔嚓"的声音。"火车到站了,小朋友请下车";游戏反复进行,也可以让宝宝当车头,家长当车厢。家长注意跑动的速度,以免宝宝跟不上而摔倒。

（2）向前跑

家长在前面牵引发声的拖拉玩具或开启会向前跑的电动玩具,让儿童在后面慢慢追着玩具跑,边跑边说:"宝宝追上玩具了!"家长可以适当地故意放慢或停下脚步,让儿童捉到玩具,这时可以给予鼓励和表扬。当然,家长还可以和儿童互换位置进行游戏。

（3）追逐跑

家长自制蝴蝶或小鸟等竹竿挂饰,带儿童到户外做游戏。家长拿着竹竿摇晃,使挂饰在儿童力所能及的范围内上下左右舞动,鼓励儿童追逐。

3. 注意事项

这个阶段的儿童走路已比较平稳,可以开始学跑,起初可能跑步的动作比较僵硬,速度比较慢,家长要经常利用各种游戏鼓励儿童练习,使儿童能较稳定地、协调地跑,速度可逐渐加快。

---

① 本书编写组.0～3岁婴幼儿早期教育家长指导手册[M].福州:福建人民出版社,2010.

（三）攀爬训练

1. 训练目的

攀爬能够培养儿童对空间的感觉,有助于儿童运动能力的发展,并能锻炼儿童面对困难、克服困难的勇气,增添儿童挑战自我的乐趣。体能上的挑战有助于儿童额叶及小脑的发育,额叶是脑部负责推理及解决问题的中枢,小脑负责平衡与协调。

2. 训练方法

（1）爬上山坡

家长在地板中央堆起几个大枕头或软垫形成"小山坡",并用儿童喜欢的玩具吸引儿童爬上大枕头或软垫。"小山坡"的摆放可变化,时而排成一排,时而围成一圈,时而随意摆放,鼓励儿童自由攀爬。

（2）爬上沙发[①]

家长为儿童开辟一个游戏区,用沙发垫、小凳子、沙发组成一个台阶式的攀爬结构,鼓励儿童向上爬,爬上凳子再爬上沙发。如果儿童自己爬不上去,家长可帮儿童一把。爬上后让儿童面对沙发背在沙发上蹲下,然后再翻身坐下。

（3）骑大马[②]

爸爸俯卧在床上,腰略拱起当"大马",让儿童在爸爸的腿部和背部爬上爬下。多次练习后,爸爸将手臂支撑在床上,膝部跪下,使体位抬高成马背式,引导儿童从爸爸腿部向背部爬行;当儿童爬到背部时,让儿童将双臂绕在爸爸的颈部,爸爸背着儿童在床上来回爬行,然后将儿童从背上滑到床上。

（4）上台阶

家里几级小台阶或者是游乐场的矮滑梯是适合儿童练习的场所。先让儿童在两只手的帮助下爬上台阶,再训练爬下台阶;动作自如后可让儿童练习用两只手抓住栏杆一步一步地上台阶,最后过渡到一只手扶栏杆上台阶。

3. 注意事项

蹒跚学步的儿童对爬高有着浓厚的兴趣。俗话说"初生牛犊不怕虎",别看小不点儿连路都走不稳,但对征服高度可是很有信心。在儿童会爬会走后,适当地为儿童创设一些攀爬的环境,当儿童成功地爬上沙发或是登上楼梯的台阶时,儿童对自己的身体与世界的关系又加深了一些了解,对如何调整自己的动作以避免危险又多了一份认知。因此,这时家长就得多费心,既要满足孩子攀登的欲望,又要确保他安全无闪失。

（四）玩踢皮球

1. 训练目的

球是每个孩子都喜欢的玩具,球在一定程度上能起到让孩子锻炼身体的作用。球不像其他玩具有一定的危险性,儿童在玩球的过程中要不断走动才能跟上球的滚动,同时丰富的玩法不仅能锻炼儿童手眼协调性,促进儿童空间知觉及空间方位控制能力的发展,还能提高儿童身体的协调能力和平衡能力。

2. 训练方法

（1）滚皮球

家长和儿童面对面坐下,双脚打开,两人之间保持1米左右的距离,家长先用手拿球,滚给儿童,鼓励儿童伸出双手接球,儿童接住球再滚给家长。待儿童熟练后,可逐渐拉大接球距离。也可站立双脚打开玩"小球钻山洞"的游戏。

（2）学扔球

给宝宝一个小皮球,教宝宝举手过肩将球向前抛出,刚开始的时候由于宝宝力量不足,大人可以扶着宝宝的前臂,帮助宝宝举球过头,再将球抛出。这个动作需要反复练习,在锻炼的过程中,大人要逐步减少帮助,让宝宝自己抛球,直到能把球抛向前方1米以外。为增加趣味性,可在前方摆放洋娃娃或者瓶子为目标,拿球投掷,让宝宝准确地投中目标物。

①② 北京红黄蓝教学研究中心.多元智慧培养亲子游戏100例[M].北京:中国宇航出版社,2005.

（3）学踢球

让宝宝站立，家长扶着宝宝的一条腿，对准皮球，鼓励宝宝将静止的球踢出去，让宝宝学习踢球的方法。可扶着宝宝，让他将静止的球踢出，并增强难度，要求宝宝能将球用力往前踢。

3. 注意事项

由于儿童年龄还很小，因此家长应该密切关注儿童的安全，球最好选择软皮、弹力中度、个头大小适当的皮球，球的充气量要适中，家长发球的速度不要太快，以免打疼儿童。此类游戏最好在户外进行，选择宽阔一点的场地，不仅让儿童有充分互动的空间，也可以让儿童近距离地接触大自然。

二、跑和上下楼梯等动作训练

随着独立行走能力不断增强，儿童在动作发展上表现更为主动积极。走、跑等基本动作更加轻松自如，开始尝试扶着栏杆上下楼梯、向上跳跃等动作。[1]

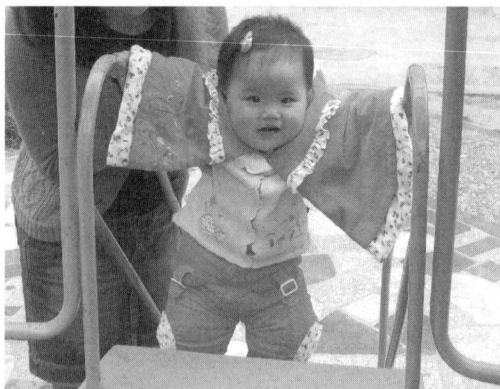

（一）走的训练

1. 训练目的

在儿童行走自如的基础上，通过训练进一步提高儿童的平衡能力，可根据儿童的兴趣与爱好开展相应的游戏，如训练跨越障碍物走、走平衡木等游戏活动，既满足儿童玩的乐趣，还能训练平衡能力。

2. 训练方法

（1）走直线

家长在地上画一条直线，让儿童双脚踩着直线走，除了直线外，前进的路线可按儿童的能力设计成弯弯曲曲，中途更可加设障碍，增加游戏的趣味性。

（2）踩脚印[2]

家长用纸板剪出10个左右脚的鞋底样，按左右脚分别排列在地板上，左右脚印中间隔开15厘米，每步相距12厘米左右，用胶条固定住。让儿童眼睛注意看脚印，准确地踩在脚印上走。

（3）跨过去

家长在活动场地中将粗绳或小玩具以障碍物的形式置于地面，由爸爸妈妈在一旁引导并保护儿童从上面进行跨越，待儿童熟练后可逐步增加障碍物的数量。

（4）过小桥

家长与儿童一起利用合适的小凳子和木板搭成一座"小桥"，离地面20厘米左右，让儿童从"小桥"上走过，可以先由家长手扶儿童练习，逐步放手。

3. 注意事项

在练习中家长应注意观察给予儿童适时的帮助，特别对胆小的儿童应多鼓励、多耐心。此外，这个阶段

---

[1] http://www.q100.cn/baby-article/110416.htm

[2] 陶红亮.0～3岁婴幼儿游戏方案[M].长春:吉林科学技术出版社,2010.

的儿童喜欢四处探索,但还没有危险意识,所以一定要确保儿童生活环境的安全,把有危险的物品锁起来或放到儿童拿不到的地方。

(二)跑的训练

1. 训练目的

训练儿童跑步的能力,在追逐玩耍中有意识地让儿童练习跑和停,渐渐地儿童会在停之前放慢速度,使自己站稳。最后儿童能放心地向前跑,不至于因速度快,头重脚轻而向前摔倒。[1]

2. 训练方法

(1)躲闪跑

爸爸妈妈手牵手围成圈当"渔网",儿童当"鱼"。爸爸妈妈边念儿歌"许多小鱼游来啦",儿童边自由地穿梭跑动,当念到"快快捉住"时爸爸妈妈做"网鱼"动作,儿童要赶紧躲闪。

(2)直线跑

家长在前方约3米处放置儿童喜欢的玩具,鼓励儿童和家长比赛跑步,看谁先拿到玩具,帮助儿童练习停下来站稳。此活动可在户外进行,以一棵大树作为终点,爸爸妈妈还可以和儿童玩"抬轿子"的游戏,让儿童体验向前快速奔跑的感觉。

(3)变向跑

家长站在离儿童五步远的地方,吹起哨子吸引儿童的注意力,然后从身后突然像变魔术一样把布拿出来,一边喊鼓励儿童过来的话,一边引导儿童闯过那块布。家长通过变换方向锻炼儿童四肢的配合能力以及平衡能力。

(4)踩影子

选择晴朗的天气带儿童到户外,引导儿童观察地上的影子,先由爸爸踩妈妈的影子示范,让儿童跟着踩,等儿童掌握玩法后可相互踩影子,家长可变化跑动的方向及速度,让儿童练习走跑交替。

3. 注意事项

玩游戏时注意不要跑人快,避免儿童失去平衡摔倒。此类游戏运动量比较大,游戏时间不宜过长,爸爸、妈妈要视儿童的运动能力灵活控制游戏时间。

(三)上下楼梯

1. 训练目的

上下楼梯对儿童动作发展具有积极的促进作用,人在上下楼梯时,首先必须活动膝关节,同时必须调节身体的平衡。因此,对于急需发展自己动作技能的儿童来说,上下楼梯不但是一项关节活动,而且是一项很好的平衡活动。楼梯越爬越高,意志越练越强,不断激发儿童克服困难继续攀登、探索,日复一日,会使儿童渐渐养成胆大、勇敢、坚强、不怕困难的优良品质。

2. 训练方法

(1)扶栏上楼梯

训练时,家长可把宝宝喜欢的玩具放到楼梯的台阶上,引起宝宝拿玩具的欲望,或者妈妈站在楼梯上,向宝宝拍手,并喊宝宝的名字,鼓励宝宝扶着栏杆慢慢爬上楼梯。如果宝宝跨脚很费力,身体难以保持平衡,家长可以用手扶着宝宝的腋下,帮助宝宝两脚交替迈上楼梯,以后再逐渐减少帮助的力量,让宝宝用自己的力量上楼梯。爬楼梯训练可以先从2～3阶楼梯开始练习,然后逐渐增加层次。宝宝每登上一层,父母就应给宝宝以鼓励,使宝宝逐渐增强力量和勇气,最终自己扶着栏杆爬上去。滑梯对宝宝很有吸引力,滑梯的梯子每一级跨度小,便于宝宝练习,宝宝大多喜欢玩。

(2)扶栏下楼梯

训练时,由于宝宝掌握不好身体的平衡,可以先拉着宝宝的手,站在上面让宝宝体会高和低的感觉。训练一段时间后,等宝宝不害怕了就可鼓励宝宝自己扶着栏杆下楼梯,父母要注意保护。如果宝宝不敢自己扶着栏杆往下走,父母可扶着宝宝练习,等宝宝能够掌握深浅之后,再放手让宝宝自己练习。下楼梯一般比较

---

① 陶红亮.0～3岁婴幼儿游戏方案[M].长春:吉林科学技术出版社,2010.

危险,训练时父母要站在楼梯台阶的下面,随时保护宝宝的安全。

3. 注意事项

在日常生活中,一些爸爸妈妈喜欢抱着、背着儿童走楼梯,这样确实保护了儿童不会跌倒,也节省了上下楼梯的时间,但爸爸妈妈们却没有意识到,儿童失去了一个锻炼的好机会。因此,当儿童学会了走路时,爸爸妈妈就要勇敢地放开手,让儿童自己上下楼梯,多走一级楼梯,就多一份锻炼、多一份收获。刚开始学上下楼梯时,儿童会有一定困难,但如果他能从爸爸妈妈的鼓励、支持中得到勇气,克服摔倒带来的心理上的恐惧和身体上的疼痛,就能勇敢地迈出第一步,登上第一级。随着级数的增加,他就会充分感受到控制自己身体所带来的喜悦,体验到成功的快乐。此外,爸爸妈妈要注意观察,当儿童练至身体微微出汗时就应该停止,以防运动过度,让儿童厌倦走楼梯这个活动,同时也可以防止因过度的训练影响儿童身体骨骼的发育。

(四)跳的训练

1. 训练目的

跳跃游戏能训练儿童动作的敏捷性和控制能力,锻炼儿童的跳跃能力和腿部支撑力,培养勇敢精神。跳跃是儿童智慧发展的一个重要因素,因为从跳跃开始,便会引发一系列的动作,随着儿童腿部力量的增强,儿童的运动智慧又上了一个新的台阶。

2. 训练方法

(1)扶着跳

家长两只手分别放在儿童的腋下,慢慢引导儿童做跳跃动作,家长用双手轻轻向上提起儿童,让他向上一蹿一蹿地跳跃,同时大人可以用亲切并富有节奏的语言伴随着儿童做动作。跳跃时,可念一些节奏感强而且有趣的儿歌或伴以一些节奏欢快的音乐,以激发儿童蹬腿的兴趣。随着练习时间的延长,儿童会逐渐喜欢上这项直立跳跃运动,只要大人一抱起他,儿童就会自动地出现直立跳跃动作,同时还能表现出欢快情绪。

(2)直立跳

家长用细绳将毛绒娃娃或彩球等玩具挂在屋里,高度以儿童跳起来可以够得到为标准,家长鼓励儿童双脚往上跳起来伸手触碰玩具,儿童手碰到玩具时,家长应给予鼓励。[①]

(3)向前跳

大多数的儿童都喜欢蹦蹦跳跳、活泼可爱的小白兔,家长可以因势利导,让儿童模仿小白兔蹦跳的样子,训练儿童的跳跃能力。还可以让儿童玩"小白兔采蘑菇"的游戏,将蘑菇散放在地上,家长规定完成的时间,如果儿童在规定的时间内采完蘑菇,就给予表扬和奖励。

3. 注意事项

跳跃游戏容易受伤,家长应注意地面的软硬程度,同时擦干地板,避免滑倒。周围要宽敞,清除障碍物和危险物品。儿童跳跃的时间不宜过长,看到儿童喘气时,应暂停游戏,让儿童休息一会儿,以免儿童疲劳。

育儿宝典

儿童上下楼梯动作培养的时机

从出生起,每个儿童都必须经历躺、抬头、翻身、坐、爬、站的发展。周岁以后,儿童身体发展的内在驱力,使得他开始迈开步伐练习走路,变得较独立,活动范围也越来越大。专家常将1～3岁这个阶段,称为"用脚思考"的阶段,因为儿童常是迈开两只小脚,走到哪里,探索到哪里。当儿童迈开步伐走路后,"上下楼梯"是儿童动作发展上很重要的一项,而楼梯则是一个能带给儿童快乐,也能

---

① 陶红亮.0～3岁婴幼儿游戏方案[M].长春:吉林科学技术出版社,2010.

提供儿童练习大动作的地方。究竟在上下楼梯的学习上,成人应该如何把握住时机呢?

　　每个儿童的动作发展时间不同,表现上也会有差异,成人可以在孩子约一岁半时,以下列四点来评估儿童是否具备爬楼梯的能力,再决定儿童学习上下楼梯的时机。

　　(1) 走路时,很少跌倒;

　　(2) 一只手扶住栏杆时,可以慢慢上楼梯;

　　(3) 会爬上成人座椅;

　　(4) 会利用四肢顺着楼梯爬上爬下。

　　以上的标准,是在衡量儿童爬楼梯预备动作的成熟度,成人只有在明白儿童动作发展程度时,才能适当地帮助儿童,不会因为期望太高而失望。[①]

家长沙龙

儿童学走路常见误区

　　儿童开始蹒跚学步了,由于儿童骨骼发育还不完善,常常出现些异常状况,父母不必过于担心,随着儿童的成长,异常状况也会渐渐减少。

　　1. 关于"用脚尖走路"

　　家长可能还记得,儿童刚刚学站的时候,是用脚尖着地的。慢慢地,就开始用整个脚撑着地了。儿童在学习走路时也是一样,大多数儿童都是用脚尖走路,一只脚可能会有些拖拉,在妈妈看来像是跛行。这都不是异常的表现,随着儿童的长大,走路会越来越稳,这些现象也就随之消失了。

　　2. 关于"罗圈腿"

　　在儿童刚刚练习走的时候妈妈可能会发现儿童的小腿发弯,担心儿童是罗圈腿就带着儿童到医院去看医生。其实,儿童的小腿(胫腓骨)原本就存在着生理弯曲度,儿童年龄越小,小腿的弯曲越明显,儿童到了三四岁以后胫腓骨延长,小腿就不那么弯了。

　　3. 关于"穿鞋对学走路有帮助"

　　让儿童光着脚学走更好。因为鞋子会妨碍脚自如地弯曲,让儿童更难找到平衡和协调的感觉,而且这也会妨碍他们学会用脚趾抓地。当然,在户外或寒冷日子,儿童是需要穿鞋的,不过要挑轻便柔软的,不要有高帮的,因为那种可以支持脚踝的鞋只会延缓儿童学走的进程。那么,怎样帮儿童挑双合适的鞋呢? 首先,帮儿童把鞋穿上,不要系带。然后让他保持站姿,将身体的重量都压在双脚上,握住他的脚踝用手指试一下从脚面到鞋面,以及从最长脚趾到鞋尖之间的距离。通常,这两处的空隙有一个手指宽就可以了。同时,给儿童选鞋还应根据儿童的年龄段选购不同的鞋,7 个月～1 岁半的儿童应该穿学步鞋,可调整儿童足弓的形状,预防平足;1 岁半～3 岁的儿童应选择半软底鞋,这样走起路来比较省力,又利于保护脚。[②]

---

① 搜狐母婴. 儿童上下楼梯的发展. http://baobao. sohu. com/20040720/n221092665. shtml,2004(7).

② 新浪网. 儿童期体格与体能的发育. http://baby. sina. com. cn/health/09/2303/0856133884. shtml, 2009(3).

第三节　1～2岁儿童精细动作的发展与训练

案例导入

　　1～2岁的豆豆喜欢给自己找麻烦。你看,妈妈帮豆豆洗澡,豆豆却在澡盆里用两个洗发水的盖子不停地反复倒水;奶奶给豆豆倒好果汁,豆豆却喜欢拿来另一个杯子,把果汁在两个杯子里倒来倒去;爸爸妈妈带豆豆去看大海,沙滩上,豆豆用铲子铲沙子、用小桶倒沙子,乐此不疲;豆豆还喜欢把摆好的小椅子搬来搬去,特别喜欢帮助妈妈扫地、擦桌子,虽然开始豆豆常常会找麻烦,果汁洒一地、地越扫越脏、桌子越擦越花,但渐渐地,豆豆的动作越来越准确了,麻烦越来越少了。[①]

　　手的精细动作发展对个体大脑的发育有着十分重要的意义。从婴儿期开始,精细动作的发育会有利于大脑完成相关的联系,增加脑部的沟回,有利于大脑的发育和开发智力。手的精细动作包括抓握动作和操作动作,1～2岁儿童的精细动作发展以操作动作为主。

　　精细动作能力的高低,往往决定儿童将来学习各种技能的快慢、准确性与牢固程度以及能够到达的水平。1～2岁虽然是儿童精细动作能力发展极为迅速的时期,但这个阶段的精细动作还是以手部的动作练习为主。

一、五指分化阶段训练

　　训练五指分化协作可以使儿童的生理和心理发育进入一个新的阶段。从在抓握过程中拇指、食指会不自觉把东西往手掌按,并与其他四指相对到能通过5个手指的共同努力抓起约3厘米见方的正方体积木,再到让拇指、食指、中指相对,用指尖抓起立方体。儿童的手部动作能力要经过一个复杂的变化过程。

　　1. 训练目的

　　通过搭叠积木,可以锻炼儿童手指精细动作能力和手眼协调能力。

　　2. 训练方法

　　（1）排多米诺骨牌

　　儿童学用积木搭高楼时,积木容易塌下来,所以可先让儿童练习给多米诺骨牌横着排队,排成火车那样的长长一串,排好后用双手推着走。也可让儿童将多米诺骨牌放平排成长长的、弯弯曲曲的"马路",拿着自己的玩具小车在这条"马路"上行驶。

　　（2）搭积木

　　家长可以把各种各样的积木放在儿童面前,示范拿起一块积木叠在另一块上,告诉儿童这样就可以搭大桥,让儿童从最基础的2～3层搭起,等到儿童学会以后,逐渐增加积木,直至儿童能搭起4块积木。[②]

　　（3）推倒积木

　　家长把积木一块块叠起来,叠到一定高度时,让儿童用手去推倒。看到积木倒下来的样子,儿童通常会开心地大笑。虽然这只是一个很简单的"搞破坏"的游戏,但对儿童来说却是一项提高空间认知能力的重要活动。

　　（4）拉钩游戏

　　父母和宝宝面对面坐好并对他说:"来,用宝宝的手指头和妈妈拉个钩,做做好朋友"。然后伸出一个大拇指,去拉宝宝一只手的大拇指。接着依次用其他手指去拉宝宝的相应手指,左、右手都来玩拉钩游戏。如

① 李利.蒙台梭利解读儿童敏感期[M].北京:化学工业出版社,2011.
② 唐敏,李国祥.0～3岁婴幼儿动作发展与教育[M].上海:复旦大学出版社,2011.

果宝宝的手指还不会弯曲,父母可用另一只手去帮助宝宝弯曲,两手指钩住后再用劲拉一拉。

3. 注意事项

此阶段的儿童处在训练手的灵活性和准确性的关键时期,最好的练习方法是家长和儿童一起叠加积木。用多块积木叠加搭高,尽可能多搭一些,保持平衡让积木不倒。每一次做完之后,都要多鼓励儿童,增加其自信心。通过越来越多的搭叠积木,渐渐地儿童会找到窍门,认识到每一块积木必须放正了才能叠高的规律,能够越搭越多,越搭越高。

二、手指对捏动作训练

从不成熟的抓握模式发展到成熟的"对指抓握"模式,儿童的手部动作能力要经过一个复杂的变化过程。家长可以在此过程中对儿童进行相应的手部动作训练,促进其五指作用的分化,同时通过各种游戏来提高儿童的手指对捏能力,扩大对捏动作在儿童生活中的应用范围。

1. 训练目的

发展儿童拇指、食指捏取动作的精确性,提高捏取动作的熟练程度。

2. 训练方法

(1)分拣豆子

先将花生、黄豆、黑豆、玉米各8粒混在一起,装在调色盘中央的一格里,妈妈引导宝宝将不同的粗粮一粒粒地拣出来,分别摆在调色盘外围的格子里。

(2)翻盖取物

父母投放一个上有掀盖或扣位盖的透明瓶子,瓶身装有彩色糖果。与宝宝同向示范开启的动作后,引导他学着用拇指、食指配合掀起瓶盖,取出里面的糖果。

(3)玩塑料夹子

父母出示一个用各色塑料夹子装饰的一次性纸盘,引导宝宝用手指把夹子取下来。开始时父母可以跟宝宝轮流取,让他发现其中的秘密。经过一段时间的训练,取的动作熟练了就可以引导宝宝为纸盘夹上夹子。

(4)玩蘑菇钉拼图

家长准备一副蘑菇钉拼图,拼插一只留有眼睛部位的小动物,引导宝宝用拇、食指捏取蘑菇钉再对准一个洞摁下去,大人及时鼓励他再继续捏取、拼插直至成功。经过一段时间的训练,就可以让宝宝创意拼图了。

(5)玩带把形板拼图

家长准备一副带把的各种形板拼图,逐一取出各种形板,引导宝宝用食指触摸形板边缘,再把它放到适合的凹面形板里。当行板转到合适的角度就会被嵌进凹面,家长要与宝宝一起庆祝成功。

(6)掀开、合上的翻书动作

家长把儿童抱在怀里坐着,打开一本常常看的图书。家长先指着书中儿童认识的一种小动物图画,引起兴趣,再当着儿童的面合上,说:"小猫藏起来了,我们把它找出来吧!"然后示范一页一页地翻书,翻到后显出兴奋的样子:"找到了!"然后再合上书,让儿童模仿家长的动作,打开书找小猫。

(7)拇指和食指对捏、对搓、提翻的翻书动作

家长拿一本专供儿童阅读的大开本彩图书与儿童同向坐好,将书摊开在桌面上,先帮儿童翻开封面,再引导儿童用拇指和食指捏着书页,将书页轻轻地提起来翻过去,一定要教儿童顺着翻。还可以用一张照片放在要翻开的一页下面,让宝宝翻开这一页后发现照片。如此反复练习,2岁前儿童就能掌握一页页翻书的技能了。

(8)撕贴图书贴贴纸

家长可以购买含贴纸的图书,其中部分互动内容要用到书中专用的贴纸。父母可以暗示宝宝自己尝试从贴纸的舌头撕起,完整地贴到画面上。完整撕贴对儿童的精细动作是不小的挑战。

3. 注意事项

翻书训练可锻炼儿童掀开和合上动作,以及拇指和食指配合进行捏、捻、搓、提翻的动作;还可促进儿童手眼协调能力发展,同时可以培养儿童对图书的兴趣。开始练习时,儿童只能打开、合上,渐渐能学会一次翻好几页,可以先用布书训练儿童掀开和合上的动作,逐渐使用纸书。让儿童翻的书最好是用硬纸印的厚页书,可避免书的损坏,培养儿童爱护图书的情感。如使用薄的书让儿童翻页时,为避免儿童出现一把抓的动

作,可在右下角翻页处做上一个小手标志,让儿童懂得捏住这个地方轻轻翻页。

三、双手协作阶段训练

一岁以后的儿童,逐渐学会利用一只手固定物品,另一只手进行主要操作,如把奶瓶盖打开、把吸管插进果汁盒里等。而后儿童逐渐意识到双手不但可以分别取物,还能共同完成一件事情。此外,儿童双手动作的灵活性也在不断加强。

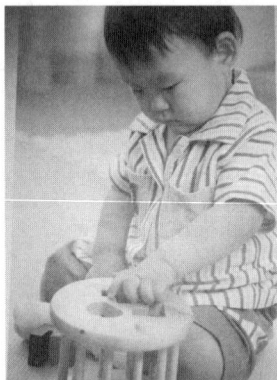

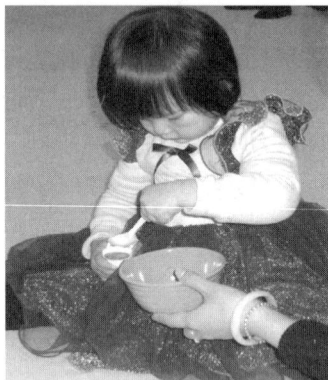

（一）拧瓶盖、旋螺丝练习

1. 训练目的

训练儿童手的拇指和食指、中指的小肌肉朝不同的方向用力的能力,促进手指小肌肉的发展,还可以锻炼儿童左右手的配合能力,锻炼手部小肌肉的力量和工作的有效性。

2. 训练方法

（1）旋拧

1岁以后家长可以锻炼儿童手指的拇指和其他四指的旋拧的能力及儿童手腕的力量。家长事先准备皱纹纸若干张,裁成64开大小;栗子若干个。在儿童面前拿起一个栗子和一张纸;将栗子放在纸张中间,然后用纸张把栗子包起来;一只手的拇指和其他四指将多余的纸张旋拧起来,形成"包子"形状;帮助儿童完成上面的过程。最好选择颜色鲜艳、质地柔软的皱纹纸,也可用面巾纸代替,注意卫生。

（2）配瓶盖

家长拿出大小相差较明显的2个瓶子,拧下瓶盖,将2个盖子放在一起,然后引导儿童逐个试一下,将盖子盖到瓶子上。儿童学会后,家长可以再增加一个瓶子,让儿童自己操作,翻来覆去地练习。配瓶盖一来可以练习手指拧开和拧进螺旋口的能力,二来可以提高儿童估量大小的能力。开始时,儿童需要逐个试,后来儿童就能拿起大的盖子直接盖大瓶,拿起小的盖子直接盖小瓶。

（3）旋圆头锁

家长可在门上的圆头锁旁张贴顺时针方向的标志,引导儿童转动圆头锁开门。此项训练家长可配合"躲猫猫"一起游戏。

3. 注意事项

家长可收集一些漂亮的瓶子和盒子,如化妆品的盒子、瓶子、大小药瓶和酒店盛浴液的小瓶子等。瓶子的大小不同,盖子的形状和颜色也不同,让儿童自己学着打开又拧上。熟练后可增加难度,将瓶子混在一起,看儿童是否能自己按其大小、颜色及形状将盖子盖上。

（二）综合性手眼协调训练

1. 训练目的

开展动手游戏促进"手—眼—脑"协调能力的快速发展,学会更多的操作技巧。

2. 训练方法

（1）分格子装彩砂

家长将半碗彩砂、一个分格盘放到儿童面前,让宝宝拿起勺子从碗里装彩砂送到分格盘中,父母示意儿童给每个格子都装上彩砂,熟练后可按从左到右的顺序装彩砂。

（2）喂娃娃吃饭

这个阶段的儿童正在逐渐学习掌握简单的技能,已经会拿勺,但握得不稳,容易洒在外面。通过游戏让儿童自己握勺子,把食物送入娃娃的嘴里,从而来锻炼儿童手眼协调能力。家长告诉儿童:"娃娃肚子饿了怎么办?"引导儿童用小勺选择玩具颗粒食物去给娃娃喂食,鼓励儿童边喂边说:"我喂娃娃吃汤圆。"语言与食物要对应,在锻炼语言表达的同时,巩固对食物的认知。练习时注意提醒儿童不要把勺子放入口中。

（3）坐上餐桌

一般来说,当以下现象发生时,家长就可以着手教儿童学吃饭了:儿童吃饭的时候喜欢手里抓着饭;已经会用杯子喝水了;当勺子里的饭快掉下来的时候,儿童会主动去舔勺子。这个时候应创设条件让儿童跟成人在一起上桌吃饭,可以用一个小碟子盛上适合他吃的各种饭菜,让他尽情地用手或用勺子喂自己,即使吃得一塌糊涂也无所谓。其实,儿童在自己动手的过程中,慢慢就学会了吃饭技巧。

（4）剥蛋壳

家长将煮熟的鸡蛋装在盘子里,引导宝宝一手取蛋轻轻敲击蛋壳的一端后双手配合剥蛋壳。父母可先给宝宝敲过、揉好的鸡蛋,让他练习一手抓握鸡蛋一手拇指与食指配合剥蛋壳。

（5）切切乐

父母为儿童准备一套木质水果切切乐玩具,让宝宝学习用木质餐刀将有黏性的水果对半切或切成四份,再变回完整的样子反复练习。熟练后还可以投放塑料的水果切切乐玩具进行练习。

（6）穿袜子

儿童1岁半以后就可以学习自己穿袜子了。家长在教儿童穿袜子的时候,可以把袜子堆成小碗状,让儿童把脚尖伸进去,再捏着边向上一拉,袜子就穿上了,如果脚跟处不舒服,可以适当调整一下。让儿童反复练习几次就会熟练。

（7）当个小鼓手

在桌子上摆放一面小鼓,父母引导宝宝用手抓住鼓槌去敲鼓面,或相向坐好一起敲,发出声音后父母要为他加油。经过一段时间的训练,宝宝就能独立敲打了。

3. 注意事项

儿童练习自己吃饭时,家长要有足够的耐心,如果儿童吃不好,家长应在旁边协助,用另一只勺子喂他。现实生活中许多父母也这样尝试,但因嫌脏、嫌慢、嫌乱而中途退却了,剥夺了儿童锻炼自己吃饭的机会。

（三）穿珠子练习

1. 训练目的

锻炼儿童手的灵活性以及双手的协调能力,左右手都要进行练习。

2. 训练方法

（1）纽扣穿线

父母给宝宝准备一些大纽扣和一根鞋带,引导宝宝用拇指、食指捏住鞋带的一头,穿过小孔并将线头拉出。再接着穿第二个洞,依次穿好所有的洞后帮宝宝挂在胸前,会让他更有成就感。

（2）穿木珠子

给宝宝准备几个洞眼较大的算盘珠子和一根较硬的细塑料绳(一端打上活结),父母与宝宝同向坐好示范穿珠子的动作,引导宝宝左右手配合,左手拿起一个木珠,右手捏住塑料绳对准洞眼穿过,然后仍用右手拇指、食指捏提,让绳子从木珠的另一头拉出。宝宝每穿上一个木珠后,大人都要及时地给予表扬,以提高他的积极性。

（3）穿异形塑料串珠

给宝宝准备一串异形塑料串珠和一根鞋带(一端打上活结),父母示范串成项链后引导宝宝一个一个地拆出来再自行串起来。父母帮宝宝戴上项链后拍照留念。可以鼓励宝宝左右手都进行练习。

3. 注意事项

很多儿童不能顺利地穿珠子是因为不会从珠子的另一头把鞋带拉出来,穿进去后只要手不小心碰到珠子,鞋带就容易从洞眼里掉出来。因此,要教会儿童把鞋带穿进洞眼后保持珠子不动的状态,再从珠子的另一头把鞋带拉出来,努力几次就容易上手了。

(四)涂涂画画的涂鸦阶段

1. 训练目的

培养儿童用笔涂画的兴趣和掌握正确的握笔姿势。

2. 训练方法

(1)练习让手呈拳头状抓握笔杆涂鸦

让宝宝坐在小桌子前,给他一支画笔,让他在黑板或瓷砖墙壁上画画,父母示范握笔姿势,引导儿童的右手呈拳头状抓握笔杆涂鸦。

(2)画垂直线

让宝宝坐在小桌子前,给他一支画笔和一张白纸,父母也拿一支相同画笔,先在纸上画一条垂直线,引导宝宝跟着从上到下画线。

(3)玩海绵滚轮刷

父母引导宝宝站在瓷砖墙前,给他一些稀释好的丙烯颜料,各拿一只海绵滚轮刷试着在墙上滚出道道。也可以提供 8 开白纸,让宝宝自由握刷滚道道。

3. 注意事项

一岁两三个月至一岁半,儿童的手开始能够做以肘为轴心左右往返运动。到了这个时期,儿童不再像以前那样手在画着点点而眼睛看着别处,而是眼睛看着手在画画。尽管如此,这也还不是有意识的画画。儿童从一岁半左右,就可以完成连续画笨拙的圆圈。当儿童能够画出比较小的连续圆圈时,就能够做上下往返的竖线涂鸦,手的功能从手腕向手指发展,工具的抓握方法也变得跟大人一样了。

四、用复杂玩具玩出花样

1～2 岁的儿童可以通过比较复杂的玩具来锻炼动手能力,逐渐学会把物体当做工具来使用,在游戏过程中能够初步发展儿童的分辨和发现能力。

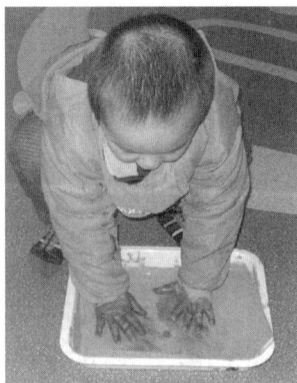

(一)玩套叠玩具

1. 训练目的

锻炼儿童手部动作的准确性和手眼协调能力,也能增强儿童的空间感知能力。

2. 训练方法

(1)套圈游戏

父母与宝宝相向坐好,大人示范将一个套圈套在垂直的桩上,然后让宝宝学着把圈一个一个往上套。待宝宝熟练后再练习按大小顺序套圈。

(2)小碗叠起来

家长将若干只大小不同的塑料碗并排放在桌上,按照从大到小的顺序将碗叠加到一起,鼓励儿童自己动手,将碗一一取出放到桌上,再让儿童按照从大到小的顺序叠加起来。熟练后,儿童进餐后可在家长的指导下尝试叠桌上的碗。①

(3)形状认知拼板拼图

家长准备一副2～5块的水果拼图,先引导宝宝认一认有哪些水果,再把图块取出来,最后亲子互动:大人拼一个完整的水果后移走1～2块,让宝宝帮忙拼完整或你一块我一块地拼,当图块转到合适的角度,宝宝很容易发现图块与底图、图块与图块之间的关联,感受到成功的乐趣。

(二)手腕部转动练习

1. 训练目的

锻炼儿童的双手协作能力和手的灵活性,还能激发儿童的创造力。

2. 训练方法

(1)玩沙玩水

家长用大脸盆装半盆干沙子让宝宝伸手抓取,体会沙子从指缝流走的感觉,也可将水加入沙子,再让宝宝试试沙子的感觉。还可以提供一些舀、装、漏沙子的工具,让宝宝尽情地玩乐。

(2)玩橡皮泥

父母在宝宝面前摆放一套儿童玩具餐具和一大块橡皮泥,示范搓的动作做成汤圆、小馒头、饼干。当宝宝有了动手的欲望时,父母引导宝宝用手指去揪小块橡皮泥,再开始搓各种形状的食物准备"过家家"。

(3)折手帕

家长先引导宝宝观察手帕的形状,然后引导宝宝对齐边角、反复折叠,还可以折成一只"小老鼠"给他玩,宝宝对手帕变化的形状很好奇,就会模仿大人动手折手帕了。也可结合折叠的过程创编富有童趣的小故事,并讲述边引导儿童练习折叠,激发儿童游戏的兴趣。

(4)练习用蜡光纸折叠

用15×15厘米大小的蜡光纸折叠时先将纸边角对齐(在纸的对边边缘用红色粗线笔画线),家长教儿童拇指在下,其余手指在上捏住纸的两侧将两角分别对齐,腾出左手压着纸张,用右手将纸张压平。

3. 注意事项

折纸需要手指的捏、对齐、压平、展开等能力,可锻炼儿童手指的灵活性。折纸需要对边对角,能够发展儿童的目测力和空间想象力,同时还能培养几何形体概念。折纸要求儿童对基本形状、上下等空间方位有一定的认识,可以培养空间智慧。

育儿宝典

为儿童准备精细动作操作材料②

儿童精细动作操作材料可具有以下特点:

第一,材料是自然物和废旧物品,并经过消毒和加工,因此是环保、安全、牢固的,更是儿童熟悉和喜爱的,不仅可供他们玩耍,还可增进他们对周围物体的认识与了解,促进精细动作和认知能力的发展。

第二,材料制作的重点突出又有吸引力,力求使儿童把注意力集中于材料的关键因素上,避免

---

① 北京红黄蓝教学研究中心. 多元智慧培养亲子游戏100例[M]. 北京:中国宇航出版社,2005.
② 李惠渝. 18～36个月婴幼儿精细动作游戏材料的设计与应用. http://www.cnsece.com/article/4714.html,2008(11).

由装饰物或色彩等引起的不必要的干扰。如"盖瓶盖"的设计重点是让儿童掌握拧瓶盖动作。

第三，材料可一物多玩，满足同一年龄段儿童不同发展水平的需要。儿童年龄越小，个体差异也越大，在设计材料时应尽可能地满足不同能力儿童的需要。如"夹夹看"系列之一的"玩夹子"可有多种玩法。①工具不同（同时提供勺子和食品夹，允许儿童用手抓、用勺子舀或用食品夹夹取物体）；②所夹物不同（由易到难分别为枣子、弹性球、木珠）；③盛放的容器不同（依次为大口桶、小口瓶、更小的冰格、贴有颜色标记的冰格）。

第四，材料可以随着儿童的成长和精细动作的日趋成熟而变化，并可以分阶段提供。如："塞塞放放"系列，第一阶段（13～18个月）材料为"大嘴巴毛毛虫"，是将较大物件塞入大容器；第二阶段（19～24个月）材料为"塞片片"，是把较小物件任意塞入小缝。这种追随儿童成长的设计让他们不断地接受来自动作、认知等方面的挑战，它不仅是儿童对游戏材料始终保持兴趣的关键所在，也体现了设计者对儿童年龄特征的充分尊重。

家长沙龙

儿童为什么喜欢"破坏"东西？

儿童搞破坏是让父母特别头疼的事情之一，劝阻威胁利诱都没有用。小小年纪，就能搞得翻天覆地，图画书分家、面巾纸解体、把妈妈心爱的口红擦断。虽然每个儿童所展现出来的"破坏"状况、程度都不相同，但每一次"破坏"行为的背后，一定都有一个"真相"。这时，父母不妨想一下，儿童搞破坏的原因是什么？了解孩子搞破坏的原因，才能有针对性地解决这个问题。

儿童是存心破坏家里的东西吗？其实不然，他们喜欢撕纸张、喜欢擦口红，说明他们手部精细动作中撕、擦的敏感期分别到来了。儿童的敏感期到来的时候，内心会涌动一股无法抑制的热情，这股热情会促使儿童在环境中寻找可以满足爆发需求的突破口，因此，家里的图书、面巾纸甚至妈妈的口红就成为儿童在环境中找到的、可以操作的教具，儿童正是在反复的操作中满足了小肌肉动作的发展和提高。想让儿童不再成为一个小小的"破坏家"吗？注意观察儿童精细动作敏感期出现的时间，为儿童创设敏感力爆发需求的环境，当儿童的敏感力得到宣泄和发展后，自然就不会"破坏"家中物品了。[①]

【反思与实践】

1. 为22～24个月的儿童设计三个大动作发展的游戏，包括游戏名称、游戏目的、游戏时间、每天次数、游戏方法、注意事项。

2. 为16～18个月的儿童设计三个精细动作发展的游戏，包括游戏名称、游戏目的、游戏时间、每天次数、游戏方法、注意事项。

3. 到早教实验室进行儿童动作发展训练模拟试教活动，运用相关的知识进行点评。

---

① 李利.蒙台梭利解读儿童敏感期[M].北京:化学工业出版社,2011.

第四章

2~3 岁儿童动作发展与训练

运动是儿童成长的良师益友,运动是儿童智能发展的重要标志,运动是智能发展的导航员。两岁的儿童活泼好动,父母应让儿童充分地运动。训练大肌肉动作,使其肢体动作正确、熟练;强调小肌肉的练习,即手眼协调的精细动作教育,不仅能养成儿童良好的动作习惯,促进智力的发展,还能促进左、右脑均衡发展。

第一节　2~3岁儿童动作发展教育

案例导入

在日常生活中,2~3岁的孩子常常会出现使父母不愉快的事,如:进餐时将饭打翻在地上;捧杯喝水时手一松将杯子摔破;外出玩耍时将帽子弄丢;买来的新玩具玩了几天就拆得七零八落;用积木搭了一座高楼房,自鸣得意地拍手叫好,当家长看了赞扬时,他却突然将积木推倒;他要求成人折纸鸟、纸猴给他玩,但玩了一会儿都揉成纸团扔来扔去地玩,家长生气,他却玩得很开心。诸如此类的过失被父母认为是破坏行为。从心理学的角度来看,这时期儿童的心理特点是好奇好动和喜欢探索,他们的兴趣不在游戏的内容和形式,而在于游戏本身;他们具备一定的运动能力,喜欢玩游戏,通过大动作和手部精细动作来探索周围世界,显示自己的力量。[①]

一、儿童大动作发展特点

2~3岁儿童练习粗大动作可以增强其体质和体能,促进其身体的生长发育;发展其认识潜力,促进其社会行为和良好性格的形成。

---

① 陶红亮.0~3岁婴幼儿游戏方案[M].长春:吉林科学技术出版社,2010.

（一）儿童大动作发展生理特点

2～3岁儿童以发展基本运动技能为主，逐步向各种动作均衡发展。2～3岁儿童走路步态较稳，双脚站立并跳起，落地时不会跌倒；可以协调好身体同时完成两个动作。但由于儿童的骨骼弹性大、可塑性强，儿童肌肉力量和耐力仍很弱，受压迫后容易弯曲变形。儿童不正确的坐姿容易引起脊柱变形，如身体长时间侧向一侧坐则可能导致脊柱侧弯；容易引起肌肉疲劳和损伤。所以儿童连续坐的时间以不超过20分钟为宜，应保持正确的坐姿。可采取动静结合的方法，消除或减轻肌肉疲劳、促进骨骼和肌肉的发育、防止胸部和脊柱畸形。

（二）儿童大动作发展水平

2岁的儿童能独自上下楼梯，能单腿做"金鸡独立"，可以不扶东西单脚站立2秒以上。能从最后一级台阶上跳下来，也能双脚同时做立定跳远，双脚立定跳远的距离可以达到15厘米。能用脚尖比较自如地在一条线上走，拐弯的时候还能保持平衡不摔倒。能投100克重的沙包1米远，姿势较为正确。2岁半的儿童会骑小三轮车，但是有的儿童不太会拐弯。[①]

二、儿童精细动作发展特点

手指的运动可以刺激大脑的广大区域，眼、手、脑的配合协调能够极大地促进儿童的智力发展。所以家长要给儿童多动手的机会，通过大脑的思维和眼睛的观察可以不断纠正改善儿童手指动作的精细化程度。

（一）儿童精细动作发展生理特点

2岁儿童是建构构思发展的敏感期，又是儿童小肌肉协调性的敏感期。儿童双手的灵活性、协调性以及手的控制能力有了明显的提高，手眼协调能力有很大的发展，手指和手腕能灵活协调地配合活动，模仿能力和想象空间能力增强。随着思维和动作的发展，儿童产生"自己动手"的强烈愿望，家长就可以利用一些简单的工具来锻炼儿童的精细动作，训练手指灵巧程度，开发智力，培养自理生活能力。

（二）儿童精细动作发展水平

2岁儿童会搭8块以上的积木，会用积木搭成较形象的物体；会模仿画圆和水平线、垂直线和交叉线；会自己洗手擦脸、刷牙、脱衣服，可以解开衣服上的按扣，还会开合末端封闭的拉锁；会用细线穿珠子，能独自转动门把手拉开门；会试用剪刀剪东西，手指灵活的儿童还能用剪刀剪出有形状的图形。

三、儿童动作发展教育要点

2～3岁儿童动作的发展更加成熟，基本上掌握了跳、跑、攀登等基本动作，手的动作也更加灵巧，能临摹画直线和水平线等。但控制身体的平衡及协调能力还有待于加强，精细动作及两手配合协调性有待于进一步成熟和完善。[②]

（一）充分利用自然条件，体验快乐活动乐趣

儿童与生俱来就对大自然有特殊的亲近感，只要让儿童亲自走进大自然，他们会飞快扑进大自然的怀抱。家长可以带儿童去爬山、散步，到公园四处走动、拾落叶，到草地上踢球、骑儿童车、放风筝等，让儿童自由地走、跑、跳、攀爬，提高儿童跑、投掷、平衡等基本动作的协调性，体验运动的乐趣。

---

① 0～6岁儿童每月生长发育指标. 百度文库 http://wenku. baidu. com/view/a956885c3b3567ec102d8a19. html
② 本书编写组. 0～3岁婴幼儿早期教育家长指导手册[M]. 福州：福建人民出版社，2010.

（二）保证户外活动时间，促进基本动作发展

要保证儿童每天有一定的户外活动时间，循序渐进地发展儿童跑、跳、投掷、平衡等大动作。家长要多带儿童到户外利用简单的器械或自制活动器械进行运动，如跷跷板、秋千、球、圈、童车、羊角球或家里的凳子、废旧的轮胎等，都可以作为活动器械。用游戏增加儿童单足站立的机会，让儿童多做一些需要短时间单足站立的运动，如踢球、跨越障碍物等，增加小腿肌肉的力量。发展儿童的大动作，在活动中观察指导儿童动作的发展，如指导把球踢得更远，帮助儿童克服困难，促进基本动作的发展。

（三）操作摆弄活动材料，提高生活自理能力

2岁儿童的自我意识开始发展，喜欢动手操作，愿意自己吃饭和穿衣，甚至和爸爸妈妈抢着做家务。家长平时可以让儿童做一些简单的、力所能及的家务，让儿童操作摆弄各种活动材料。如儿童喜欢做的倒水、玩沙子、搬椅子、擦桌子等都是促进儿童手腕灵活发展的动作练习，既满足儿童动作敏感期手腕发展的内在需要，又可以促进儿童自理生活能力的发展。但要注意细小物品和操作材料避免放入儿童的口鼻。

（四）关注运动环境安全，注意安全意识教育

2～3岁的儿童喜欢探索，对外界环境充满好奇，喜欢尝试各种活动，经常出现各种"破坏性行为"。同时对危险因素认识不足，缺乏安全意识。因此家长要随时关注儿童运动环境的安全，排除不安全因素的影响。尽量选择相对柔软的活动场地，注意环境的防滑，周围要无尖锐物。家长不要认为平坦的地方是安全的，有一些自然坡度和不十分平坦的小草坡更是增强儿童感觉系统和走跑运动能力的好环境。儿童穿着打扮要有利于运动，如穿舒适合脚的鞋子、大小合适的外衣。在运动中家长要及时关注儿童的运动行为，并根据实际情况对儿童进行安全意识教育。

育儿宝典

发展儿童的平衡感

平衡感是大脑、神经体系、身体和地心引力间的一种协调能力，平衡感是一切行动的基础。通过平衡感的练习，促进儿童平衡感的协调发展，满足儿童运动敏感期中平衡的爆发需求，促进全身肌肉的协调控制，培养儿童的勇敢精神。待儿童走得非常平稳时，家长可加入更多的平衡感练习。整理出一个较大的游戏空间，妈妈用胶带粘出一条线，让儿童踩在胶带上行走，脚尽量不要踩在胶带外面。告诉儿童一些掌握平衡的方法，如双臂伸平、手握一根小棍儿保持平衡等。妈妈可以增加儿童走线的难度，如走直线、走曲线或一些不规则的线条。扶着儿童在公园路边的"道牙"上行走，保护好儿童的安全，走"道牙"时要选择人少的时间。慢慢过渡到在离地面有一定距离的平衡木上进行练习，妈妈开始扶着儿童的手，逐渐鼓励儿童自己双臂张开、独立行走，还可以让儿童举左手、右脚独立，或尝试转一圈，甚至可以让儿童头顶毛绒玩具来增加难度。发展儿童的平衡感，家长要注意活动内容循序渐进，应特别注意儿童的安全。[①]

---

① 李利. 蒙台梭利解读儿童敏感期[M]. 北京：化学工业出版社，2011.

家长沙龙

如何培养儿童的生活自理能力?

家长要在日常活动中注意培养儿童的生活自理能力。首先家长要注意保护儿童自己动手的积极性,不要包办代替。尽管儿童做事还显得笨手笨脚,甚至给爸爸妈妈带来麻烦,但家长一定要有耐心反复示范,让孩子慢慢学会。二是孩子自理能力毕竟有限,家长要耐心等待,可以适当给予帮助和鼓励。如寒冷冬天,家长可以帮助孩子穿好必要的保暖衣服,再让孩子穿其他衣服。培养儿童的独立性时,适当的帮助可以让儿童有成就感。儿童做事最需要家长的鼓励,所以要及时肯定孩子的进步,家长通过点头微笑、拍手赞赏等小举动给以鼓励。三是注意培养兴趣,激发儿童潜能。对于孩子喜欢的事情,要尽可能满足他,如儿童对洗手绢时的肥皂泡感兴趣而要自己洗手绢,就要给以孩子学习的机会与时间,家长可以采用有趣的游戏形式,教孩子自己穿脱衣服、刷牙、洗手以及收拾玩具等。如以游戏的形式结合穿裤子儿歌(两座山洞前边站,两列火车向里钻,"呜"的一声开过去,两个车头又见面)让儿童学会穿裤子。又如结合穿衣歌(小胳膊,穿袖子,穿上衣,扣扣子,小脚丫,穿裤子,穿上袜子穿鞋子)让儿童熟悉穿衣裤及鞋子的顺序。四是由于这年龄阶段的儿童注意力很容易分散,做事常常会半途而废,只要家长不苛求,不仅能让孩子养成自动自发、负责任的习惯,还会减轻家长的负担。家长要持之以恒,统一要求,要培养孩子善始善终的良好习惯。[1]

第二节　2～3岁儿童大动作的发展与训练

案例导入

豆豆已经27个月了,看到滑梯时,他就会去攀登。攀登时他握着栏杆两侧,很顺利地一步一步地上台阶,可是一开始下滑时候,豆豆觉得很害怕。妈妈用手扶住豆豆的胸部,让他缓缓地滑下,这样练习了好几次之后,豆豆就掌握了下滑的技巧。当他两只脚站在滑梯顶端的上方,他就会把身体改变成坐的姿势,手扶滑梯边缘的围栏,然后滑下去。[2]

根据儿童大肌肉动作发展的年龄特征,2～3岁儿童大动作发展有几个敏感期:24～25个月是单脚站立能力发展的敏感期,能锻炼儿童四肢协调能力及身体平衡能力;32～33个月是单脚跃跳能力发展的敏感期,能培养儿童的平衡感和节奏感,有利于儿童形成准确的方位感;36个月是控制物体平衡能力发展的敏感期,可训练翻滚、走平衡木、抛物、接物、旋转等动作,发展儿童大胆进行身体运动的能力。

一、跳和平衡等动作发展训练

2岁儿童会蹦会跳,但走路的步伐和节奏不均匀,下肢动作不够协调;喜欢到处跑动,能较好地控制身体平衡;经常有机会练习上下楼梯的儿童,到了这个年龄就能独自上楼;儿童在蹦跳时,容易失去身体平衡而摔

---

① 王如文.0～3岁宝宝营养保健早教大百科[M].长春:吉林出版集团有限责任公司,2010.
② 周念丽.0～3岁儿童观察与评估[M].上海:华东师范大学出版社,2013.

倒,家长要注意适当地给予保护,要创造条件要儿童练习发展基本运动技能。

(一) 走的训练

1. 训练目的

2岁以后儿童走路还不够协调自然,锻炼儿童走路可以促进神经系统的发育,促进动作的平衡和协调,为其他大动作的发展奠定基础,对儿童大脑平衡知觉、空间知觉的发展大有好处。

2. 训练方法

(1) 走大圆圈

家长带着儿童,沿着画好的大圆圈线上走,让儿童边走边做一些简单的动作,如踮起脚尖走、蹲着走,学习小鸟飞、小兔跳等动作。家长可根据儿童情况调整圆圈的大小,控制走动的速度、不断增加走的难度、增加或减少儿童的活动量。游戏可以反复进行,也可以随时结束。

(2) 走"平衡木"

家长在地上平放六块砖,每两块间距5～10厘米,让儿童练习在砖上走,每步踏在一块砖上,家长要在旁边保护,以防儿童磕碰在砖头上。鼓励儿童学习双臂平举、调整身体位置来保持平衡。也可根据儿童动作发展特点调整两块砖之间的距离,不断要求加快走的速度以增大走的难度。

(3) 长高变矮

家长可以鼓励儿童模仿高人和矮人走路。模仿高人动作:手向上举,踮起脚尖用足尖走路;模仿矮人动作:身体下蹲,弯腰跟着音乐走。家长和儿童围成一个圆圈,教师按逆时针方向边走边唱:"一个两个三个小矮人,四个五个六个小矮人,七个八个九个小矮人,十个小矮人。一个两个三个小高人,四个五个六个小高人,七个八个九个小高人,十个小高人。"随歌曲内容用手点圈上儿童,被点到的儿童根据歌词做出相应高人和矮人动作,唱到最后一句时,被点到的儿童和家长到圈内与教师交换角色,由该儿童来点其他站在圈上的儿童。[①]

3. 注意事项

良好的走路姿势不仅是身体健康发展的一个标志,也是反映人的性格与精神状态的一个重要方面。家长应多提供机会让儿童进行走步训练,通过观察儿童走路姿势可以及时发现幼儿健康状态,注意纠正幼儿走路姿势。

(二) 跑的训练

1. 训练目的

跑的动作发展,反映儿童多种身体机能的提高,对增强儿童体质具有重要的意义,可以锻炼儿童的心血管系统和呼吸系统,有助于儿童中枢神经系统功能的完善;同时锻炼跑的动作有利于增强儿童腿部肌肉力量,提高身体平衡能力和动作的协调性,并为跳跃等动作的发展奠定基础。

---

① 李俐.零点起步—亲子园活动方案[M].南京:南京师范大学出版社,2006.

2. 训练方法

（1）追小动物

为儿童准备几个能够拖拉的玩具小动物,如小鸭或小鸡等,让儿童和几个小朋友一起坐在场地的一端。家长告诉小朋友:"小鸭都跑了,现在请跟在我身后去追,看看谁跑得快。"然后家长手里拉着拖拉玩具在前面跑,让小朋友在身后追,追上两三圈。通过这个游戏,锻炼儿童全身大肌肉的活动能力,使他可以在指定的范围里跑,并在跑的时候相互不碰撞。

（2）跑跑停停

在儿童跑步熟练的基础上,可以与儿童玩"捉迷藏""找妈妈"等游戏,通过在游戏中自由追逐,有意识地让儿童练习跑和停的动作,继续练习能跑能停的平衡能力。如对儿童喊"开始跑,一、二、三,停",要反复练习,使儿童逐渐学会在停止跑之前先放慢速度,让自己的身体站稳。

（3）展翅飞翔

让儿童把双臂平举起来,学着开飞机的样子在场地里跑。家长嘴里可以给儿童念一些歌谣,如"小飞机,天上飞,我是小小的飞行员,我带爸爸妈妈去看云"。做这个游戏最好是家长或其他小朋友与儿童一起做,以训练儿童在跑动时不与别人相撞。家长可以带儿童去户外宽敞的地方,同儿童一起张开双臂当翅膀学鸟飞,最好一边同儿童一起唱歌,一边有节奏地使双臂上下运动,两腿快快地小跑和跳,使上下肢同时活动。

（4）网住小鱼

教师和家长共同拉起彩虹伞的四周,将伞撑开做渔网,儿童在伞下当小鱼自由地走和跑。教师和家长拉伞顺时针转动,边转边说:"网小鱼、网小鱼,网到许多小小鱼。"说完将伞向下罩,伞下的儿童迅速跑出,若被罩住即表示网到了,被网到的儿童只能和家长一起拉渔网。此游戏可以训练儿童快速反应和快速跑步能力。[①]

3. 注意事项

3岁前的儿童跑步时左右摇晃、身体僵直、双臂紧绷,平衡能力较差。儿童向前跑时,家长要站在他前方半米远倒退着慢跑,易于扶,以防儿童头重脚轻前倾时摔倒。同时要让儿童注意跑的时候不要太快,要注意避让其他人。

（三）跳的训练

1. 训练目的

跳的动作需要儿童有较强的腿部肌肉力量蹬地、身体活动的协调能力和配合能力。通过有目的、有计划地锻炼儿童跳跃能力,可以提高儿童大脑皮层运动中枢的发展水平和功能,促进身体动作协调,使儿童四肢骨骼的发育更加坚固,腿部肌肉更有弹性。

2. 训练方法

（1）拉手跳起

家长拉着儿童的双手,与儿童面对面站立,家长先做示范双脚跳起来的动作给儿童看,然后让儿童和自己一起跳。要求儿童两腿并拢、屈膝、同时向上跳起,双脚同时落地。一开始训练时,家长最好拉着儿童的双手让儿童双脚跳,逐渐让儿童拉着家长的一只手或扶着东西双脚向上跳,直至儿童能够自己跳。

（2）小兔子跳

家长引导儿童一起模仿做小兔动作,边做边念儿歌:"小兔小兔起得早,伸伸臂,弯弯腰,踢踢腿,蹦蹦跳,小兔小兔跑跑跑。"家长示范跳,引导儿童边念儿歌:"小白兔,白又白,两只耳朵竖起来,爱吃萝卜爱吃菜,蹦蹦跳跳真可爱。"边模仿练习双脚一起向上或向前跳。也可结合练习蹲的动作,学习双脚往上跳。[②]

（3）跳下台阶

选择一处楼梯,家长站在最后一级台阶做示范,再让儿童跟着家长做,家长与儿童相对站立,拉着儿童的

---

① 李俐. 零点起步——亲子园活动方案[M]. 南京:南京师范大学出版社,2006.
② 本书编写组. 0～3岁婴幼儿早期教育家长指导手册[M]. 福州:福建人民出版社,2010.

双手帮助他往下跳,并鼓励他勇敢地跳下。指导儿童用正确的姿势跳,要两腿并拢屈膝,跳起时两臂摆动助力向前跳起,两脚的前脚掌同时落地。

3. 注意事项

儿童在完成蹦跳的动作时,由于不会用前脚掌落地,也不会利用双臂摆动来保持身体平衡,因此容易失去平衡而摔倒,家长要注意给予适当的保护。

（四）平衡训练

1. 训练目的

平衡是儿童保持各种活动和保持身体姿势所必需的重要因素,是儿童进行走、跑、跳等大肌肉运动的基础,平衡训练可以促进儿童神经系统功能的完善和各种动作技能的协调发展。

2. 训练方法

（1）螃蟹横走

让儿童双手手臂伸直放在身体两旁模仿螃蟹的样子,从左往右双脚移步横走,注意两脚的配合,随着儿童平衡协调能力的发展,可以慢慢加快速度,小步移动脚步。

（2）跨越障碍

家长分开两腿坐在地板或地毯上,让宝宝从家长的腿上跨过。开始时宝宝的腿抬到一定高度可能会失去身体平衡,家长可给予帮助,握住宝宝一只手让他练习跨越,逐渐过渡到放手让他自己跨越,注意尽可能让宝宝自己跨越,每次完成动作后,要给予鼓励和夸奖。[①]

（3）不倒娃娃

选择干净的大床或地板,妈妈弯曲双膝,抱作一团,前后摇摆,给宝宝做示范。让宝宝模仿妈妈的样子自己摇摆,然后妈妈扶着宝宝左右摇摆或前后摇摆。也可以是妈妈与宝宝面对面坐着,两腿伸展,宝宝的腿放在妈妈两腿的内侧。两人手拉手,一边念着儿歌,一边做动作,一个向后仰,一个向前倾,还可以慢慢转圈旋转,在不断变换方位的情况下感知自己身体的位置。[②]

（4）金鸡独立

在家长的示范下,宝宝能抬起一只脚,练习单脚站立,借助手臂平举的姿势保持身体平衡。刚开始练习时,允许宝宝伸出两手扶物站立;家长牵着宝宝的一只手来做动作,等他在有帮助的情况下能平衡地独脚站立后,再尝试不借助外来物训练独自完成独脚站的动作。宝宝可以利用上肢来维持平衡或用手拽住自己的裤腿,以保持身体平衡。为了增加趣味性,家长可以参与单足站立比赛,把单调枯燥训练变成有趣的亲子游戏。

3. 注意事项

注意妈妈摇晃和旋转宝宝的动作不要过大,每次活动时间不要太长。家长对宝宝独脚站立的时间要求不能太高,家长要注意在宝宝身边保护。为了使宝宝两腿的力量发展平衡,家长要有意识引导儿童用两脚交替站立,逐渐延长站立的时间长度。

二、投掷和骑车等动作发展训练

2岁半以后的儿童基本能控制好身体的平衡,当儿童有了一定的活动能力和动作机能后,就会手舞足蹈、走走跳跳,尽选些高低不平、坑坑洼洼的地方走,喜欢有挑战性的运动。跑步遇到障碍物能通过减速来绕道;腿部肌肉力量相应加强,能原地连续跳跃数次,会攀登。因此要重视发展儿童肌肉力量和动作协调性,巩固和提高运动技能,使运动能力更加成熟。

---

① 邓静云,童梅玲,胡幼芳.婴儿运动能力的发展与训练［M］.北京:中国人口出版社,2007.
② 北京红黄蓝教学研究中心.多元智慧培养亲子游戏100例［M］.北京:中国宇航出版社,2006.

（一）走的训练

1. 训练目的

让儿童向前后左右走可帮助儿童认识感知前后左右方位,训练儿童的大肌肉动作的能力,通过各种形式的走,进一步发展儿童走的动作协调能力和维持身体的平衡能力。

2. 训练方法

（1）走走小路

家长用粉笔在地上划一个约20米长的S形曲线,像一条小路,家长示范走路的姿势,强调走小路时脚不能出线,让儿童跟着家长后面走,也可让儿童踩着线往前走,鼓励儿童双臂平举以保持身体平衡。还可以在地板上放置与儿童肩膀等宽的两条平行线,让儿童一脚在前、一脚在后成一条直线地走在两条线间,走到尽头时再转身走回来。根据儿童水平逐渐缩小平行线间的距离,路程中还可以加上障碍物,增加游戏的变化和趣味性。①

（2）袋鼠妈妈

家长取出袋鼠图片让儿童认一认,引导儿童和家长边念儿歌边做动作:"袋鼠妈妈有个袋袋,袋袋里面装个乖乖。"先让儿童用双手抱紧家长的脖子,双腿箍住家长的腰学做小袋鼠,家长再带儿童做迈步、走路等动作,边做边念儿歌:"小袋鼠长大了,它会站着学走路了!"让儿童站在家长脚背上,与家长面对面,再手拉家长的双手,边走边说:"宝宝向前走,1、2、3……""宝宝向后退,1、2、3……"帮助儿童建立对数的感知。也可向左、向右走,儿童和家长协调地配合走路。②

（3）小动物走

出示小动物的图片让儿童认识,家长和儿童边念儿歌边做小羊、公鸡、小熊等动作。小羊小羊咩咩叫(双手大拇指和小指伸开,其余三指收拢,小指指尖向上,拇指指尖定在头上作羊角状,同时弯腰、点头、慢步走);公鸡公鸡喔喔叫(双手掌心并拢,五指分开,立在头顶当鸡冠,手腕带动手掌前后摇动,同时点头、屈膝,两腿轮换提起,缓步行进);小熊小熊走来了(双手手腕耷下,手指放松朝下放在胸前,同时两脚轮换缓步向前,重重踏响)。也可换成其他动物增加游戏的趣味性。③

3. 注意事项

家长可根据儿童的实际情况,确定开步的大小,帮助儿童协调地走起来,注意游戏时的安全。可根据儿童情绪来回走几遍,如果完成得好,要给予表扬。

---

① 信谊基金出版社.亲子创意游戏365[M].上海:华东师范大学出版社,2001.
②③ 李俐.零点起步—亲子园活动方案[M].南京:南京师范大学出版社,2006.

（二）跑的训练

1. 训练目的

练习指定方向跑和快跑追球的技能,提高相互追逐和躲闪跑步的能力,培养儿童敏捷反应能力。

2. 训练方法

（1）绕毛线跑

选择一条 2 米长的彩色毛线,两端各打一个结。家长与儿童各执毛线的一端,拉直毛线。儿童拉着毛线绕家长跑动,使毛线缠在家长身上。毛线缠完了,请儿童想一想怎样把毛线从家身上收回来。儿童反跑收回毛线。重复几次后交换角色进行。家长要注意毛线不要太长,以免缠得太多不利于儿童游戏。[①]

（2）和球赛跑

家长对儿童说:"今天和小球来比赛,看看谁跑得快。"鼓励儿童用力抬脚把球踢远,然后跑去追球,再用力踢球,不断反复追球跑,训练儿童快速跑步追球和踢球能力。

（3）互揪尾巴

家长将彩带夹在身后的衣服下端,变换位置跑动,让儿童来抓"尾巴"。家长可变换跑动的速度,时快时慢;儿童熟悉游戏后,可让儿童夹"尾巴",家长追逐儿童抓"尾巴",儿童要注意快速躲避,避免"尾巴"被抓。家长可指导儿童快速跑动,灵活观察躲避。

3. 注意事项

让儿童和小朋友一起玩"你来追我"的游戏,还可以让儿童与小朋友相互追逐,相互躲闪,注意避免互相碰撞。家长要关注儿童安全,根据儿童的能力和体力适当调整跑动的方向和速度。

（三）跳的训练

1. 训练目的

让儿童练习蹲跳动作、双脚往上跳、往前跳、单脚跳等各种形式的跳,让儿童自由随意蹦跳,发展弹跳能力,锻炼腿部肌肉力量,保持身体平衡协调性。

2. 训练方法

（1）放鞭炮

家长与儿童一起念儿歌:"小鞭炮,小鞭炮,嘭嘭一响真热闹。"让儿童蹲下,双手握住脚踝,把头埋进双腿间,按照准备动作做好姿势。当念到"妈妈赶快点一点"时,妈妈就用手抚摸儿童的头,并做点鞭炮的动作;儿童待妈妈完成动作后,慢慢放松身体,念到"嘭嘭嘭嘭跳得高"时,儿童就用力向上跳,并发出"嘭"的声音。[②]

（2）跳过"小河"

在儿童能双足并跳站稳后,用粉笔在地上画出间隔 25～30 厘米宽的"小河",要求儿童从"小河"的一边跳到另一边,不能"掉"到"小河"里。动作要求是两脚同时起跳,两足同时落地,家长要及时指导儿童用正确的姿势起跳落地。"小河"的宽度可根据儿童跳远的能力逐渐加宽。[③]

（3）跳蹦蹦床

为儿童准备一张蹦蹦床,让他站在上面随意蹦跳,发展弹跳能力,家长可以适当帮助。要当心儿童从蹦蹦床上跌落下来,最好在蹦蹦床周围铺上地毯,并移去周围东西。还可适当增加难度,让两个儿童一起跳,增加他们的乐趣,提高互相躲闪和保持自身平衡的能力。

（4）单脚站跳

在单足站稳的基础上,让儿童左脚站立,右脚在前后左右的方向慢慢晃动,然后换脚;右脚站立,左脚分别向前、后、左方举起,身体可依动作的需要自然倾斜。在儿童能独脚原地跳 1～2 次以后,还可以训练单足跳。选一处铺方格地砖的空地,家长先做示范,独脚站立在一块砖上,从一块地砖跳到相邻的地砖上,熟练后玩跳房子游戏。

①② 张凡.宝宝智力开发游戏[M].北京:中国人口出版社,2007.
③ 邓静云,童梅玲,胡幼芳.婴儿运动能力的发展与训练[M].北京:中国人口出版社,2007.

3. 注意事项

注意儿童起跳的姿势,从蹲到跳的动作过程中,不宜过猛、过快,起跳落地时要注意保持平衡,家长在一旁保护。单足跳时注意两脚轮流交替练习,促进两脚均衡发展。

（四）平衡训练

1. 训练目的

锻炼平衡能力对儿童个性的健康发展有积极的促进作用,如精神集中、勇敢、意志坚强;在提高平衡能力的过程中,儿童的注意力、坚持性和意志力等品质也得到发展。训练儿童平衡能力及控制能力,还可以促进视觉与动作的协调性,提高儿童感觉统合能力。

2. 训练方法

（1）走独木桥

选一块长1.5～2米,宽20～25厘米的木板,放在地上,让儿童在木板上来回行走。等他走稳后,把木板架高至10～20厘米,注意木板架高以后的牢固性。让儿童在上面行走,可用语言"过河了"来提高他练习的兴趣。当儿童走稳后,可让他做一些简单的动作,增加难度继续练习,也可鼓励他从上面跳下。

（2）抬大轿子

爸爸和妈妈先各自用右手握紧左手臂,然后面对面站好,互相以左手握住对方的右手腕后,就成为摇摇椅。蹲下来,让儿童扶好爸妈的肩膀跨坐在摇椅上,爸妈再慢慢站起来,左右摇摆,横步向前,可以一边念儿歌一边左右上下摇晃,逐渐增加摇晃的速度和幅度。[①] 摇晃的速度和幅度可根据儿童平衡协调能力进行调整。

（3）万能飞车

爸爸坐着,双腿并拢,让儿童坐在爸爸的小腿处,两人拉紧双手,爸爸的腿上下摇动,忽高忽低、忽快忽慢,也可左右摇动。让儿童全身趴在爸爸腿上,双手环抱爸爸双腿,爸爸同样上下、左右摇动。边玩边唱儿歌助兴,爸爸腿部要有一个高度落差,通过落差激发儿童的游戏兴趣。也可以让儿童趴在羊角球上,家长扶着儿童随着羊角球自由地向前后左右滚动摇晃。

（4）骑玩具车

让儿童自己骑三轮小童车,一开始儿童骑得不好时,家长帮助儿童用一下力。经过一段时间练习,儿童就能够独自骑着小车向前走。儿童在会骑三轮车的基础上,熟练掌握骑三轮车的技能,如会骑车走直线,会拐弯,遇到障碍物会停车等,促进儿童的身体平衡感和腿部力量,对跳跃运动有好处。

3. 注意事项

家长还可以带儿童到游乐园荡秋千、玩跷跷板,家长扶着儿童从跷跷板的这一边走到另一边,或让儿童坐在跷跷板的一头,妈妈坐在另一头,家长要注意始终扶着儿童,防止儿童摔倒。

（五）钻爬攀登

1. 训练目的

钻爬攀登可以锻炼儿童手臂肌肉和腿部肌肉的力量,促进大脑皮层功能的完善,兴奋和抑制过程平衡的完善,以及视觉、前庭器官的协调控制能力的发展,提高各种技巧运动能力,为儿童参与多种体育活动和掌握更为复杂的动作技能奠定基础。

2. 训练方法

（1）双足下楼

让儿童站在最后几级台阶中间,家长先示范,指导儿童用两脚交替地一步一级台阶地下楼。刚开始家长可牵他的一只手让他练习,一旦儿童会两脚交替地下楼后,家长就应该让他自己练习下楼。由于儿童控制不好动作的节奏和身体的平衡,容易失去重心,家长要在儿童下方进行保护。[②]

---

① 信谊基金出版社. 亲子创意游戏365[M]. 上海:华东师范大学出版社,2001.
② 邓静云,童梅玲,胡幼芳. 婴儿运动能力的发展与训练[M]. 北京:中国人口出版社,2007.

（2）钻爬山洞

让爸爸趴在地上，背部弓起当成高山。儿童爬上爸爸的背，然后再钻过腹部的山洞。爸爸要注意，刚开始山要平一些，逐渐增加难度，山有时要高耸一点，山洞有时要变得狭窄一些，互相配合变化，提高儿童钻爬的兴趣和能力。

（3）爬攀登架

在儿童活动场所，选一攀登架，让儿童练习向上攀登。教他先用双手抓紧上一级的横栏，再抬起一只脚踩住第一级的横栏，利用手臂的抓攀力量和腿部的蹬踩力量，带动另一只脚也踏上这级横栏，等两脚站稳后，再向上攀登一级横栏。当儿童力量不够，无法上栏时，家长可扶他一把，让他感受攀登的乐趣，鼓励儿童大胆进行攀登活动。开始时，让儿童攀登一两级横栏即可，逐渐地增高攀登的高度，家长注意保护。[①]

（4）推小推车

儿童双手撑地，爸爸平行抬起儿童的双脚，鼓励儿童尽量往前爬。儿童和爸爸一起边念儿歌边开动"小推车"。（儿歌：小手地上爬，爸爸提脚丫；我是小推车，快乐小推车。）如果儿童的肚子贴在地面，无法自主向上撑起，爸爸可一手托住儿童的肚子，让儿童感受爸爸传递过来的力量，另一手抓住儿童的双腿，慢慢向前推，也可用语言鼓励儿童自信地向前爬行。[②]

3. 注意事项

家长可充分利用周围的活动环境和小区的健身器材让儿童进行钻爬练习，鼓励儿童大胆上下楼梯、爬攀登架等活动。但由于儿童小脑发育未完善，控制平衡能力差，家长要注意保护儿童的安全。

（六）抛接投掷

1. 训练目的

锻炼儿童手臂和腰部肌肉的力量，训练动作的协调性和灵活性，发展注意力、观察力和反应能力，提高儿童手眼协调能力和空间知觉能力。

2. 训练方法

（1）小球爬坡

家长与儿童面对面站好，伸直手臂、两手互牵，手腕朝上并拢，家长把球放在手腕上，然后开始让球来回滚向自己及对方胸前，身体应配合球的滚动而弯腰、屈膝，注意别让球掉下来。等熟练后，可延伸另外一种玩法：当球滚到中间时，一齐喊"一、二、三"，然后双手一齐摊开，两手仍是互牵，让球掉在地上，再把反弹回来的球迅速接到手腕上。[③]

（2）投接皮球

准备一大一小的两只皮球，大的用来训练接球的能力，小的用来练习投球。先训练投球，由家长示范把手举过肩膀，用力向前抛，让儿童以同样的姿势投球。家长和儿童比赛看谁投得远，或者在前方选定一个目标，要求儿童用力投过目标。家长和儿童相对间隔一段距离站好，让儿童用双手接住由家长滚过来的球，家长可稍微变换一些方向，让儿童通过预测球滚来的方向以调整自己的位置。

（3）打"篮球"

用一个纸篓挂在门或墙上，高度略高于儿童的身高，家长和儿童一起来练习。家长先示范，把皮球在地上拍打几下再投篮，引导儿童跟着练习。开始时可让儿童练习双手投篮，经过一段时间练习后，再练习单手投篮。[④]

（4）双脚夹球

在儿童学会用手抛球、滚球的基础上，家长让儿童坐在草地上或者家里的垫子上，双臂向后用手撑在地上，上身后仰，将球放在儿童的两脚中间，教儿童用脚夹住，然后两膝弯曲，两脚抬高，将夹着的球举到空中，并用力向空中抛出，然后儿童将两腿放下。[⑤]

① 邓静云，童梅玲，胡幼芳. 婴儿运动能力的发展与训练[M]. 北京：中国人口出版社，2007.
② 福建泉州幼儿师范高等专科学校. 亲亲宝贝. 福建省南片区0～3岁儿童早教优秀案例汇编. 2011.
③ 信谊基金出版社. 亲子创意游戏365[M]. 上海：华东师范大学出版社，2001.
④ 邓静云，童梅玲，胡幼芳. 婴儿运动能力的发展与训练[M]. 北京：中国人口出版社，2007.
⑤ 王如文. 0～3岁宝宝营养保健早教大百科. [M]. 长春：吉林出版集团有限责任公司，2010.

3. 注意事项

注意投篮的高度和距离可根据儿童的身高和能力来调整,练习单手投篮时,要注意两手同样有机会得到锻炼。

育儿宝典

利用家里条件开展游戏

立定跳远:可以拉着宝宝从适当高的地方往下跳,如最后一级台阶、小凳子等。

踢球射门:爸爸先做示范从客厅踢球到一个屋里练射门,等宝宝掌握后,也可以用小凳子搭球门练习高难度的射门动作。

跳摇摆舞:放一些节奏明快的童谣或音乐,和宝宝一起随着节奏自由摇摆。如摇摇头、摆摆手、扭扭腰或者转几圈。

家长沙龙

如何引导儿童上下楼梯?[1]

楼梯是一个既能带给儿童快乐,又能提供练习大动作的地方。上下楼梯是儿童动作发展的重要内容,是儿童保持身体平衡协调能力的训练项目。

一、2岁儿童爬楼梯

儿童到了两岁左右,一般不需要扶持,可以独自上下楼梯。儿童首先学会独自上楼梯,当儿童能比较稳定地独自上楼梯后,就可以训练独自下楼梯。因为下楼梯很难把握,可先让儿童从较矮的楼梯开始,使他体会下一级台阶的感觉,学会保持身体平衡。这个年龄的儿童,上下楼梯都是一脚迈上,另一脚跟着迈上。如果儿童对爬楼梯有些胆怯,家长应在旁边鼓励他,让他看到别人爬楼梯的能力,激发儿童自己爬楼梯。对于那些不会爬楼梯的儿童,可让儿童一手扶着栏杆,一手拉着家长的手,一步一步慢慢地走上楼梯。

二、2岁半儿童爬楼梯

在儿童身体比较灵活后,可以训练儿童双足交替走上楼梯,即一脚迈上一个台阶,另一脚再迈上另一个台阶。双足交替走上楼梯需要儿童有一定的腿力,可从较少的几级台阶开始训练上楼梯,以后逐渐增加运动量,可边念儿歌:"一二、一二,爬楼梯,爬到星星上,爬到月亮上,爬到太阳上,太阳眯眯笑。"而下楼梯也可念儿歌:"一二、一二,回家了,星星再见,月亮再见,太阳公公明天见。"这个年龄段的儿童已能稳定地双足跳,利用走下楼梯的最后台阶上还可以训练儿童双足跳下。先从很矮的台阶开始,在儿童有一定的胆量,能稳定地跳下台阶后,再逐渐增加台阶的高度,使儿童能够从一个台阶上双足跳下。

---

[1] 福建泉州幼儿师范高等专科学校.亲亲宝贝.福建省南片区0～3岁儿童早教优秀案例汇编.2011.

第三节　2～3岁儿童精细动作的发展与训练

　　2岁半的豆豆是个精力充沛的"探险家",随着他的体力和心智的逐渐发展,他开始对所有的东西产生兴趣。于是每个角落,凡是触摸和抓握够得着的每件物品都成为他研究的对象。平日总是将家里的抽屉、衣柜等翻得底朝天,以便寻找他想要的新奇"玩具"。豆豆还经常和妈妈抢着做家务,当妈妈在洗衣做饭时,他会热衷于"帮忙",虽然常常越帮越忙,但妈妈还是爱护他的积极性,并适当地分配一些力所能及的工作。

　　精细动作的发展主要体现在手指、手掌、手腕等部位的活动能力,"心灵手巧"说明手的灵活性可以对人的一生带来重要的影响,良好的操作能力能够体现人的基本素质,是学习特殊技能的前提条件。

一、手指协调和控制能力训练

　　2岁～2岁半儿童双手手指、手腕协调能力有了进一步发展。25～27个月的儿童会用积木搭一些具有空间感的物体,会模仿画圆形和水平线,会用细线穿珠子;28～30个月的儿童会在搭好的火车上加上烟囱,会模仿画交叉线,正确拿剪刀。

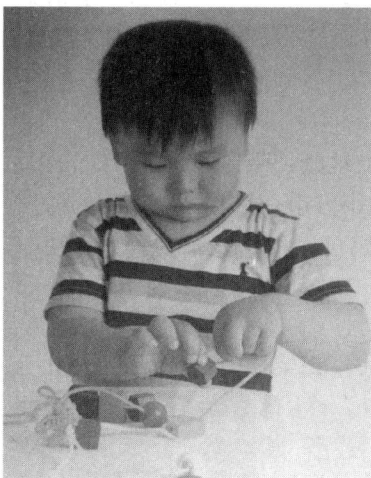

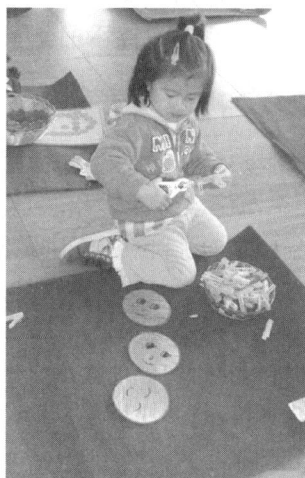

（一）手指游戏

1. 训练目的

简单富有节律的手指游戏可以让儿童感受节奏,发展小肌肉动作,认识五个手指,锻炼每个手指的灵活变换能力;拍手击掌需要手眼协调能力,控制手臂的力量。

2. 训练方法

（1）手指夹物

提供花生和方块积木,边念儿歌边引导儿童用手指夹物,当念到点、夹、捏、刷、抓时要注意语调。儿歌:

一个手指点点点(伸出手指做指认的动作),两个手指夹夹夹(伸出食指与中指做夹的动作),三个手指捏捏捏(伸出大拇指、食指、中指做捏的动作),四个手指刷刷刷(伸出食指、中指、无名指和小指做上下刷刷子的动作),五个手指抓抓抓(伸出五指,握拳状做抓的动作)。[①]

(2)五指儿歌

用彩色笔分别在妈妈和宝宝的手指上画上可爱的人脸或用纸做带脸谱的手指套,妈妈与宝宝面对面坐着,边念儿歌边做动作,让宝宝模仿。儿歌:拇指拇指是爸爸,爸爸开汽车(举起大拇指,双手做出握方向盘的样子),嘀嘀嘀(有节奏地弯曲三下大拇指);食指食指是妈妈,妈妈洗衣服(举起食指,两食指摆成十字形),嚓嚓嚓(两食指有节奏地前后移动三下);中指中指是哥哥,哥哥打篮球(举起两个中指,把中指平放,指肚向下),嘭嘭嘭(中指做拍球状三下);无名指无名指是姐姐,姐姐爱跳舞(举起两个无名指,两个无名指指尖向下),啦啦啦(两个无名指同时左右摇摆);小指小指就是我,我会敲小鼓(举起两个小指,把小指平放,指肚相对),咚咚咚(小指做敲鼓状三下)。[②]

(3)玩包剪锤游戏

玩此游戏宝宝要有看别人玩的经验,知道各种手形的意思。大人先跟他玩"大人说意思宝宝出手形"的游戏,待他熟练后就可以玩真正意义上的包剪锤游戏,经过一段时间的练习,儿童就能懂得输赢了。此游戏要引导宝宝左、右手轮流玩。

(二)双手协作

1. 训练目的

锻炼儿童手腕和手指动作的灵活性,发展双手动作的协调性。

2. 训练方法

(1)一起洗手

家长带儿童到水池前,引导儿童将自己的袖子卷起,打开水龙头,将手淋湿,跟着家长一起学习洗手,搓手心、手背、手缝、指甲。家长可以和儿童互相搓手,一边念洗手歌:"水龙头先打开,小手伸进水里来,打上肥皂搓一搓,小手洗得白又白。"家长也可以与儿童一起念擦手歌:"小毛巾,手中拿,洗完小手要用它,擦手心,擦手背,擦完把它送回家。"洗完后,家长和孩子擦干手并相互闻一闻,增进亲子感情。家长与儿童一边洗手一边念儿歌,儿童容易掌握洗手和擦手的正确方法,增强洗手洗脸的趣味性,儿童容易养成良好的卫生习惯。

(2)自己洗脸

每天吃完饭,家长可以拿块湿的小方巾故意大张旗鼓地喊:"哦,擦脸擦手了。"然后当着儿童的面很认真地给自己擦擦脸,擦擦手,演示给他看。给儿童一块湿的小方巾,对他说:"你都快成小猫了,快擦擦自己的小猫脸吧。""好了,小猫脸干净了,再擦擦小猫爪吧!"妈妈可以根据儿童的喜好来决定将他跟什么样的小动物联系起来。

(3)剥橘子

宝宝想吃橘子的时候,父母引导他尝试自己剥橘子皮。一手托着橘子,一手伸出手指甲使劲地剥。大人可以另拿一个橘子放慢速度跟他一起剥。

(4)拍手游戏

妈妈面对宝宝,爸爸在宝宝后面扶着宝宝的手,边念儿歌边拍手,先自己拍一下,然后伸出右手拍宝宝的左手,按照儿歌的内容做相应的动作,逐渐过渡到宝宝独自与妈妈做游戏。儿歌:你拍一,我拍一,一个小孩开飞机;你拍二,我拍二,两个小孩梳小辫儿;你拍三,我拍三,三个小孩爬高山;你拍四,我拍四,四个小孩写大字;你拍五,我拍五,五个小孩学跳舞。[③]

(5)玩过家家

准备一个四肢能活动、塑料材质的玩具娃娃和娃娃的生活用品。家长可参与游戏活动,教给儿童玩各种玩具的方法,让儿童给娃娃穿脱衣服、喂娃娃吃饭、喝水、哄娃娃睡觉等。

① 张丽华,张梅,李俊,马梅. 婴幼儿教养活动(25～36个月)[M]. 上海:复旦大学出版社,2010.
②③ 北京红黄蓝教学研究中心. 多元智慧培养亲子游戏100例[M]. 北京:中国宇航出版社,2006.

（6）自己穿内裤

家长引导宝宝双脚伸进裤管里，再用左、右手的拇指食指提住内裤的两边裤头，同时往上拉至腰部，最后让中间裤缝贴在肚脐眼上。

（7）扣子母扣

家长先让儿童用彩色的按钉练习一指按的动作，然后让他学习按按钮。经过训练儿童就会扣子母扣了。

（8）解、扣纽扣

家长引导儿童解开自己衣服上较大的纽扣，动作熟练后再让他练习扣上自己衣服上较大的纽扣。

（9）拼接软性积木

家长给宝宝准备一些软性积木，大人和宝宝一起玩拼接游戏。

（10）玩形板

家长让宝宝坐在桌子前，在他面前投放一款平面的形板和三块形块，引导宝宝将形块放到形板上的三个相应的洞里。也可以投放立体的魔幻启智玩具，让宝宝自行尝试将形块全部塞进各面的洞里。

（11）瓶盖匹配

父母将各种大小不一的瓶子均匀地嵌进一块硬板中，瓶口统一朝向，硬板卡在瓶身最上部。所有瓶盖混装在盒子里，引导宝宝找相应的瓶口旋上并拧紧，让瓶子的瓶口和瓶盖匹配起来。也可以接着再把瓶盖拧开混装在盒子里。

（12）按图撕纸

准备几张画有较大形状的白纸，引导儿童把这些形状撕下来。大人跟宝宝一起操作，也可以手把手教他撕。最后大人在纸的反面贴上双面胶，让宝宝将形状组合粘好。参与者要跟宝宝一同庆祝成功。

（13）搭垒积木

家长准备十几块有红、黄、蓝、绿四种颜色的积木，示范搭高楼、搭火车和搭山洞，鼓励儿童有目的地搭一物。也可以让儿童自己动手随意地将各种积木拼搭，发挥创造性。同时结合认识颜色，让儿童用不同颜色积木搭各种物品。

（14）玩橡皮泥

家长给儿童一块橡皮泥，让他跟着家长的样子学捏。家长引导宝宝将橡皮泥搓圆，用手掌压扁，或者搓成条。也可示范让儿童学做许多花样，如搓成长条，搓成圆棍，压成扁片，搓成小球等形状，捏时可玩一些游戏，如藏硬币：桌上有个小硬币忽然就找不着了，桌上、地上到处找不着，原来硬币藏在橡皮泥里面了。

（15）穿珠子

家长为儿童准备彩色的小塑料珠。让儿童一手拿珠子，一手拿线，在成人的帮助下穿过珠子。先易后难，由开始的家长帮助到儿童独立完成。穿珠时家长要在场，数清珠子的数目，警惕儿童将珠子放入口内吞掉。一面穿，一面可以让儿童挑中已认识的几种颜色搭配着穿。也可以让儿童拣出大的与小的进行搭配，还可以让儿童复习数数，看看已穿进去几个了。穿完一定将所有珠子收拾好数一数，不可遗漏，以免儿童吞食而没有被察觉。

（16）镶嵌拼图

家长可购买一些简单的镶嵌板拼，引导儿童学会对应底图镶嵌，训练儿童的手眼协调能力、手的灵活性，提高儿童完成精细动作的能力。

（17）绕毛线

父母为宝宝准备一个乳酸饮料的瓶子和一小团毛线，先相向示范绕毛线，再调整位置手把手教宝宝绕，让宝宝一手拿着瓶子，一手往瓶子上绕毛线。待宝宝动作熟练，可引导他绕几卷后换个方向再接着绕，也可将瓶子换成纸团进行练习。

（18）剥豆子

父母为宝宝准备一些毛豆，大人先示范剥豆子的动作，接着引导宝宝双手配合剥毛豆，最后父母可以把毛豆烧菜给宝宝吃，并对他说："这是宝宝剥的豆子。"他会很有成就感，下次剥毛豆的积极性就更高。

（19）折纸练习

家长拿一张 A4 纸与宝宝同向坐在桌前，先将纸边角对齐（在纸的起始边或角上画上箭号，在纸的对边边缘用红色粗线笔画线），对折后再打开，此时纸上已经压出一条线，然后家长引导儿童拇指在下、其余手指在上捏住纸的两侧将两角分别对齐，腾出左手压着纸张，用右手将纸张压平。左右配合协调后可提供正方形纸，用同样的方法让宝宝折 2～3 次，变成小狗的头后引导宝宝用笔给它添上五官，变成小狗的脸。

（20）包裹物品

父母准备两块手帕和一些小物品，先告诉宝宝："我们要把东西包起来。"接着示范并讲解包裹物品的方法，宝宝一步一步地跟着做。待儿童动作掌握后再引导他用 16 开大小的纸包裹物品。

3. 注意事项

当儿童在日常生活中强烈地表现出想动手做事的时候，他就开始考虑使用什么样的方式手段才能满足自己的要求。如果他的积极性被阻碍，儿童就会猛烈地反抗。父母应当非常尊重儿童的这种心理。

（三）有控制的画画

1. 训练目的
发挥儿童的想象力、促进空间智慧的发展、锻炼儿童双手的灵活性和协调性。

2. 训练方法
（1）画圆封口

过了两岁，儿童开始能够画单独的一根线条，会按正确的方向画出垂直线、水平线等有始有终的一根线条。父母在纸上贴一些圆形图案，将画纸递给宝宝，让宝宝也画些相同的线条。评价时父母可握着宝宝的手告诉他："刚才宝宝画出去的线条又回到原点了。"还可以让宝宝模仿大人一笔一划地画出一个"十"字。评价时父母可握着宝宝的手告诉他："刚才宝宝画的两条线交叉在一起了。"

（2）涂涂画画

父母为宝宝提供立式黑板（有一定倾斜度）和粉笔，让儿童画出心中意象和对生活经验的感受。也可以在家里的一面墙上贴上可以更换的画纸。培养儿童只在黑板或固定的墙上想要画什么就画什么。绘画习惯养成后，就可以训练宝宝补充未完成的图画了，以补充线条或用线条构成的图形为主。

（3）双手同时画圈

父母为宝宝提供一张大纸和两支粗的马克笔，引导宝宝左右开工，以手腕为中心相向连续画圈。再引导宝宝说画的是什么，父母接着添画让他欣赏。

（4）涂色游戏

家长把白纸剪成圆形，再通过两次对折找到圆心，沿一条折痕把圆剪开，剪到圆心后把两边粘起来呈漏斗形，再将长短合适的吸管粘在下面做成小雨伞。给儿童一张剪好的圆形伞面和油画棒，让儿童挑选自己喜欢的颜色给伞面涂色。大人引导宝宝抓握油画棒给伞面涂色后，再帮助儿童把伞面粘贴做成小伞。①

3. 注意事项

画笔除了粗的马克笔外，还要提供细的签字笔、圆珠笔、蜡笔。纸张也要有大有小。不要让儿童一次画太久，这样会导致手部肌肉的疲劳。也不要过分关注画画技能训练，而应该鼓励儿童不断练习、自由大胆地进行涂鸦，越充分越好。涂色时不要给儿童很多种颜色，只需一种颜色就足够了。建议先用粗边缘的图案画册，帮助儿童准确涂色。等控制能力提高后再让他随意画图案涂色。

二、使用工具训练

2 岁半～3 岁儿童双手手指、手腕灵活配合，可以做许多事情，如剪纸、粘贴、搓泥、折纸等手工活动；能将纸折成三角形、正方形等，会画一些简单的图形和填色。

---

① 汉竹.0～3岁宝宝潜能开发全书[M].北京:化学工业出版社,2009.

1. 训练目的

认识海绵、钥匙、螺旋、夹子等各种工具的特性,训练儿童抓握的能力、手臂的控制能力和灵活性,促进手眼协调能力发展。

2. 训练方法

(1) 使用筷子

当儿童能够熟练使用勺子后,就可以让其练习使用筷子。在使用儿童筷子时,要先让儿童夹一些软硬适中的物体,或者并不是很光滑的物体,如豆干、新鲜的干枣,让他体验成功的乐趣。在夹的时候告诉儿童用拇指、食指和中指,来操纵第一只筷子,用无名指和小指操纵第二只筷子,夹起一个物体放在小盘当中。

(2) 刷刷牙

家长帮宝宝在牙刷上挤点牙膏,宝宝自己往水杯装水学习刷牙。洗漱完毕家长要引导宝宝用毛巾擦嘴,并将毛巾晾回原位。刚开始大人可握着宝宝的手教他刷牙的方法。

(3) 铲沙、耙沙、筛沙

家长带宝宝到户外沙池,提供铲、耙、筛沙的工具让他跟同伴一起玩堆小山、修路、开水沟、筑城堡,还可以用模具玩倒扣沙子的游戏。

(4) 喷壶浇水

父母给喷壶装上适量的水,引导宝宝帮一排小树浇浇水、帮桌上的小盆景喷喷水。大人要注意控制宝宝的水量。

(5) 海绵挤水

父母在一个空碗里装上水,把海绵放进水中,等海绵吸足水后,让儿童用手轻轻抓握海绵提起,移到另一个空碗中,用力把水挤出。反复练习后,将两个碗都装好同样多的水,家长与儿童进行比赛,各自用海绵将自己碗中的水移到水盆里,看谁先把自己盆里的水运完。游戏结束后家长要与儿童一起用抹布把洒在外面的水擦干,把碗和盆收好。

(6) 套环训练

家长准备几个直径较大的塑料圆环,在距离儿童1米左右的地方放几个动物玩具,让儿童用手把圆环扔过去套住小动物,看谁套得准、套得多。刚开始时,让儿童离要套的玩具近一点,圆环的直径大一点,使儿童能较容易套住玩具。以后再适当增加难度,距离远一点,圆环直径也小一点。

(7) 钥匙开锁

家长可在门内放置儿童喜欢的物品吸引儿童探索,利用日常生活机会训练儿童用钥匙开锁的手眼协调的精细动作。要求儿童要看准钥匙洞,把钥匙插入,而且要插到适宜的深度,顺着某个方向转动,锁才能打开。

(8) 开拧螺旋

家长为儿童准备大的木螺钉和螺母、松开螺旋的工具等木制的螺旋玩具,让儿童练习用手按顺时针方向把螺旋拧紧,按逆时针方向把螺旋打开,练习拧开和上紧螺旋。

(9) 使用夹子

生活中有各种各样的夹子,家长可收集各种各样的夹子,与儿童一起把夹子夹在各种图形的卡片、布条、帽檐等上面,变成螃蟹、刺猬、太阳、大树等,能很好地发展儿童手的精细动作。

（10）钓磁性小鱼

父母给宝宝准备一盘磁性钓鱼玩具，大人示范拿鱼竿钓鱼的动作，引导宝宝自己去发现鱼钩对着鱼嘴就能钓起小鱼。起初不用打开转盘开关，待儿童练习熟练后再开启，加大难度训练。

（11）切水果

随着儿童模仿能力的增强，他们很喜欢模仿家长切面包、切水果，因此，临近3周岁的儿童可以学习用塑料餐刀将香蕉、黄瓜、黄果肉西瓜、梨子、苹果、草莓切开，训练从软硬适中到脆皮到比较硬的到较小的水果，发展精细动作的协调性。

（12）使用剪刀

为宝宝提供专用的钝头剪刀，让他将拇指插入一侧手柄，中指插入对侧手柄，食指在手柄之外帮忙维持剪刀的位置。开始练习时大人可以扶着宝宝的手去剪，也可以拿着纸让他剪。初期学习剪直线，经过一段时间的练习就能减出各种形状了。初学时，儿童常常会将纸夹在剪刀缝里，大人应耐心地反复教宝宝正确的姿势和用力的技巧，也可以先将纸剪开一个小口，再让他接着剪。在纸张的提供上可先投放韧性较好的卡纸、打印纸，再投放皱纹纸等。

（13）水的多种玩法

儿童几乎天天洗澡，与水有很多亲密接触的机会，儿童在玩水时能随心所欲，想怎样玩就怎样玩，可以有无限的创意，自然是百玩不厌，而水具有流动性，水有浮力，家长可以帮助儿童用手泼水或用塑料小碗装满水倒来倒去；还可以提供小瓶、小碗装满水让它们沉到水下面，又将水倒空使小瓶小碗浮在水面；另外，还可以给玩具娃娃洗澡或清洗自己的玩具。

（14）亲子粘贴画

家长给宝宝提供一些动、植物图案和背景底图，引导宝宝在底图上摆放图案（接触构图），大人再拿起图案在背面抹上胶水，让宝宝将它固定在底图上，亲子互动共同完成一幅作品。

3. 注意事项

这个年龄段的宝宝做什么都是"三分钟热度"，所以训练时关键是要保持他的兴趣，通过各种方式激发儿童参与的热情。除了玩玩具外，做一些简单的手工也能够丰富儿童的生活与认知，同时锻炼手的灵活性。3岁以前，不用教儿童太多过于复杂的手工技能或游戏，只要初步接触就可以。

育儿宝典

训练儿童精细动作的小游戏

下面的一些小游戏或者简单劳动在家庭中就可以办到，父母不妨让儿童多锻炼。

撕纸：拿五颜六色的纸，让儿童自由地撕成条、块，并可以根据撕出的形状想象地称为面条、饼干、头发等。如果家里有缝纫机，妈妈可以在比较硬的纸张上用缝纫机踏出针孔组成的各色图形，让儿童撕下来玩。

折手帕：纸巾、手帕、纸巾都是柔软的，可以随便折成各种图形，教给儿童怎样折出角、边，折成纸船、纸鹤、花朵、扇子等。

穿珠子、纽扣：让儿童用线、塑料绳把各种色彩、形状的珠子、纽扣穿起来。随着儿童动作的熟练和精细化，珠子和纽扣的洞眼可以逐渐变小，绳子逐渐变细、变软。

夹弹子、糖球：让儿童用筷子把碗里的玻璃珠或者糖球一颗颗夹到其他的容器里，锻炼一段时间后可以换成颗粒更小的圆形豆子。

比划动作：在唱歌、跳舞、学儿歌的同时，可以教儿童用小手比划各种动作，把内容表演出来。

手工制作和生活自理：随着年龄的增长，可以结合日常生活，让儿童自己系鞋带、拿筷子吃饭；给儿童准备小剪刀进行剪纸制作，玩插塑类玩具等都可以增进儿童精细动作的发展。

家长沙龙

如何让儿童尽快使用筷子?

　　首先,要在儿童熟练使用勺子的基础上,准备一双筷子,交给儿童正确的拿法:用拇指、食指操纵第一根筷子,用中指稳定第二根筷子。先让儿童用筷子练习夹起大一些的固体,如海绵块、大枣等,再练习夹没煮熟的通心粉等,可以假装让儿童夹东西喂给娃娃吃。在饭桌上逐渐让儿童练习用筷子吃饭,只要儿童能将食物送进嘴里即可,家长要有足够的耐心将残局收拾干净。儿童练习使用筷子时,家长要在一旁观察,以免儿童将妈妈准备的海绵块等塞进嘴里,发生危险。

【反思与实践】

1. 学生观看婴儿动作训练方法视频,分组模拟操作介绍游戏方法,学习点评。
2. 学生分组讲解所设计的游戏活动并进行模拟操作。
3. 到早教实验室进行婴儿动作发展训练模拟试教活动,运用相关的知识进行点评。

第五章

教学课件

0～3岁儿童动作发展的观察评价

儿童动作发展评价是对儿童动作发展水平和发展速度的评定和估价，依据一定的评价标准，采用各种定性、定量的评定方法，对儿童动作发展做出价值判断并寻求促进动作发展的途径的一种活动。[①]

第一节　　0～3岁儿童动作发展观察评价的意义与方法

案例导入

21个月的宝宝想把黏纸撕下来但是没有成功。外婆过来把黏纸撕了下来递给宝宝。我们提示外婆让宝宝自己撕，如果宝宝有困难，家长可以帮助宝宝把黏纸掀起一角，便于宝宝操作，果然宝宝成功了。在粘贴时，宝宝拿正面朝纸上贴，外婆马上就把宝宝手上的黏纸拿下来贴在小猫旁边。我们告诉外婆："宝宝因为年龄小，还不知道黏纸的特性，您可以先让宝宝用手指触摸黏的一面，再尝试操作。"最终宝宝能独立把黏纸小动物贴在纸上。

案例中的老师注意观察家长介入方式与宝宝的行为，建议带养者在宝宝遇到困难时不要包办代替，让宝宝通过自己感受和探索，适度帮助宝宝在自己的努力下获得成功。在生活中要让宝宝做力所能及的事情，通过示范演示、语言提示、感官感受、动手操作等方式发展动作。[②]

一、儿童动作发展观察评价的意义

动作贯穿人的发展之始终。动作发展是人被动地适应环境和社会并与之相互作用的结果，动作的发展与人的身体、智力、行为和健康的关系十分密切。0～3岁儿童动作的发展会影响到儿童的身心健康、人格发展、智力发展、社会行为发展等。因此儿童动作发展是评价儿童生理和心理发展的重要指标之一。

[①] 唐敏，李国祥. 0～3岁儿童动作发展与教育[M]. 上海：复旦大学出版社，2011.
[②] 赵洲红，陈君贤，马梅. 婴幼儿教养活动(19～24个月)[M]. 上海：复旦大学出版社，2010.

（一）动作发展评价可以及时发现生长发育中的问题

0～3岁是儿童动作发展的关键期,动作发展在一定程度上影响儿童心理发展水平和智力发展水平。通过科学的观察与评价,可以使我们更好地了解儿童动作发展水平,并根据动作发展了解其智力、心理等方面的综合发育情况,及时发现儿童在生长发育过程中的问题。如脑瘫患儿在3～4个月时踢蹬动作明显少于正常儿童,会出现身体发硬、脚弓反张、脚尖着地站立;4个月时握持反射没有消失、拳头仍不能张开,上肢常常向后伸,不会向前伸取物等动作表现。当前经常使用的盖塞尔发育量表、贝利量表、丹佛儿童发育筛查量表和丹佛-Ⅱ儿童发展筛查量表等,均以动作发展为主要的评价指标。在观察和评价过程中及时发现儿童动作表现及感知觉异常,及时治疗。通过早期康复治疗,可促进神经功能的恢复,减轻后遗症的严重程度,在康复治疗中运动训练是康复的重要手段之一。

（二）动作发展评价可以了解儿童心理发展水平

脑科学研究表明儿童早期潜能开发对人的终身发展有十分深远的影响。儿童心理学家皮亚杰认为:人的认知来源于动作,儿童最初的智力是以感觉动作开始,动作既是感知的源泉又是思维的基础,智慧起源于运动。因此早期动作的发展水平在某种程度上标志儿童心理发展的水平,儿童动作的发展与心理的发展有密切关系,动作的发展可以促进心理的发展,为此可以通过观察儿童的动作水平来了解儿童心理的发展特点。

（三）动作发展评价可以促进儿童全面健康发展

蒙台梭利在《三岁决定一生》一书中指出:"运动或体力活动是智力发展的一个基本要素,因为智力的发展有赖于从外界获得印象。"所以动作发展能力尤其是精细动作发展水平是人类最初的智能形式。

儿童生长发育受到许多因素的影响,动作发展的差别性很大。只有深入了解分析儿童动作的发展水平,依据儿童动作发展评价结果,及时调整和修正游戏活动方案,为家长和儿童提供实施动作训练有关的咨询与服务指导,更好地为儿童的发展制定合理的训练方案、饮食营养计划等。动作发展评价的目的在于通过对儿童动作的观察和分析,找出儿童自身发展的优势和劣势,有针对性地设计培养目标和训练方法,找出帮助儿童更好地发展的方向和途径,促进儿童动作、智力等方面的综合健康发展。

二、儿童动作发展观察评价的原则

评价过程中应遵循儿童动作发展特点和规律,按照一定的原则对儿童动作发展进行观察与评价。

（一）客观性原则

儿童动作发展观察评价应伴随0～3岁儿童的日常生活与教育活动过程,综合儿童在家庭及早教机构日常行为表现,收集各种与儿童动作发展相关的信息资料,本着实事求是的原则分析数据,客观地评价结果。要综合考虑影响儿童动作发展的相关干扰因素,如对5～6个月儿童进行评价,最好由儿童熟悉的人员进行,才能不影响儿童的活动和表现,得到比较客观的评价结果。

（二）整体性原则

对儿童动作的观察评价要从全局和整体出发,综合、全面地观察与评价儿童动作发展的各方面因素,要注意大动作的发展也要注意精细动作的发展;要考虑儿童年龄、体重等因素以及考虑其他领域的综合发展水平,避免以偏概全;注意评价主体的多元化,应建立家长、教师、儿童保健医生、有关专家等共同参与、交互作用的评价制度。

（三）发展性原则

评价是动态持续的过程,以发展的眼光看待儿童动作的发展,关注儿童动作的发展顺序与历程,既要了解现有水平,更要关注其发展的速度、特点和倾向等。要承认和关注儿童各个方面发展的个体差异,弱化将所有评价对象的评价结果进行横向比较的倾向,重视在评价结果基础上提出个性化的、建设性的改进意见与方案,促进每一个评价对象在原有的基础上得到发展。

(四)科学性原则

科学性原则体现在三方面:一是评价方法和指标的选择和制定要科学,符合儿童动作发展特点与规律,评价方法使用简便,具有较强的实践性和操作性;二是评价实施过程要讲究科学性,制定严谨的观察评价计划,注意选择观察评价时机,排除无关因素影响;三是评价的参照标准要科学,评价指标要有普遍性,保证评价活动简单又切实可行。[①]

三、儿童动作发展观察评价的方法

对儿童动作发展观察评价主要在一日生活中进行,即通过教师、家长与主要教养人、保健医生的配合,共同观察出 0～3 岁儿童日常自然状态下的动作发展表现。儿童动作发展评价应综合运用观察法、问卷调查法、实验法等方式获取评价信息,并注意定量与定性评价相结合、自评与他评相结合。

(一)观察法[②]

观察法是对儿童动作发展评价最直接有效的方法,主要观察儿童动作发展的灵活性、协调性、连贯性等方面来判断动作发展状况。主要参与自然观察法和情境观察法。自然观察法是在日常生活中对出现的现象随机自发地观察,无一定的目的和计划,不要求严格的记录。情境观察要有明确的目的,有计划安排,通过控制一定情境来观察记录儿童动作发展状况。

1. 观察准备

首先要选择观察时间,例如观察半岁儿童的动作发展,一般观察时间应选在上午,儿童吃奶后半小时处于清醒状态时;其次确定观察对象的月龄、性别、身高、体重、气质特点等影响儿童动作发展的因素;第三确定观察内容和评估要点,根据观察内容确定观察记录表。

2. 实施观察

如是自然观察,观察者尽量避免对儿童活动产生干扰,只在一旁仔细观察,选择自己所需信息,避免无关信息干扰。如是情景观察,观察者可控制一些环境条件来观察儿童的活动表现。

3. 观察记录

(1)日记叙述法

以日记的形式描述性叙述、记录儿童的动作、行为表现。日记叙述法有两种形式:一是流水账性日记,可以不加任何修饰和形容,如实记录某一段时间儿童的一切动作或行为现象。二是重点记录,记录儿童动作发展过程中具有里程碑意义的新出现动作或行为现象。

案例:阳阳已经 11 个月大,他可以从爬行姿势换到扶栏杆站立。当他看到比较远的地方有可爱的玩具时,他会试图迈步走向玩具。他得靠着栏杆,一步、两步,慢慢走向玩具。阳阳在走向玩具过程中经常摔倒,所以妈妈在阳阳活动过程中总是寸步不离。[③]

(2)列清单法

根据儿童动作发展列出观察与评估细目,并注明这些项目是否出现的两种选择,记录者根据观察、了解进行判断并选择其中之一做出记号。

---

①② 唐敏,李国祥.0～3岁儿童动作发展与教育[M].上海:复旦大学出版社,2011.
③ 周念丽.0～3岁儿童观察与评估[M].上海:华东师范大学出版社,2013.

表5-1　13～18个月儿童动作发展的观察与评估表①

姓名_____　　　　　出生日期_____年___月___日　　　　　性别_____
陪同测试人_____　　　　测试日期_____年___月___日　　　　　测试者_____

观察与评估细目		是	否
大动作发展	行走自如		
	绕过障碍物走		
	手足并用爬上楼梯1～2级		
	过肩扔球		
	踢球时不摔倒		
精细动作发展	搭高积木		
	握笔涂鸦		
	将小物体投放到小瓶子里		
	用勺子取米饭		
	拿着杯子喝水		

说明:表中共有10个项目,请按照月龄来评估。如全部通过,说明该月龄的儿童动作发展很好,如有4项未能通过,就要注意发展该儿童的动作能力。

（3）等级记录法

制定儿童动作发展的等级评定量表,评价者按照要求根据观察的实际情况进行客观选择和全面记录。为避免产生误差,要求观察者最好进行多次观察,力求保证记录结果准确、客观。

表5-2　0～6个月儿童大动作发展观察记录表②

月龄	项目	一级	二级	三级
1	追视玩具	头和眼同时转动	仅双眼转动	不追视,双眼也不动
2	俯卧抬头	俯卧时下巴离床,头抬至45°	俯卧时下巴贴床	俯卧时抬眼观看或脸全贴床
	竖抱抬头	头可以直立,不用扶持	头垂向前方	头仰向后
3	追视玩具	头颈活动,上下左右环形追视	上下追视	左右追视,头没有转动
	俯卧抬头	俯卧抬头90°,前臂可以支撑,头能竖直平稳	俯卧抬头至45°,头能竖直但不平稳	俯卧抬头可离床面,在成人扶助下头可竖直
	翻身动作	可主动由仰卧转为侧卧	在成人推动下可由仰卧转为侧卧	在成人帮助下可由仰卧转为侧卧
4	翻身动作学坐	独立翻身(仰卧到俯卧),动作较连贯,扶胯能坐	在成人帮助下可翻身	不能翻身
5	翻身动作	独立翻身(俯卧到仰卧)动作连贯	在成人帮助下可翻身(俯卧到仰卧)	不能翻身(俯卧到仰卧)
6	翻身动作	独立连续翻身	独立翻身(仰卧到俯卧到仰卧)	独立翻身(俯卧到仰卧)
	学坐	独坐片刻,双手在前摆弄玩具	可靠坐	在成人扶持下可坐

（二）问卷调查法

问卷调查法就是向调查对象发放问卷,请熟悉儿童的主要抚养者按照要求及实际情况填写答案,然后收回问卷进行整理分析、研究评价。问卷应帮助被调查者明确调查目的;问卷中的指导语应明确,针对主

---

①② 周念丽.0～3岁儿童观察与评估[M].上海:华东师范大学出版社,2013.

题,取得被调查者的信任和配合,避免语言的误导;设计问题应善于使用真实的情况,了解被调查者的反应。

表 5-3　1岁儿童动作发展调查问卷①

问题	不会	一般	熟练
是否能独自站立 10 秒以上			
是否能蹲下身子拾物,扶地站起			
是否能准确将小物件放入瓶中			
是否能扶着桌子独立挪步			

注:请根据儿童实际情况选择其一。

(三)自然实验法

自然实验法是在自然环境下通过控制某些影响儿童动作发展的因素,获得真实有效的结果。第一,实验者要事先设计实验计划和步骤,准备相应的工具、记录方式,以及对各种可能出现问题的处理办法。第二,针对儿童年龄阶段动作的特点进行假设:如在对 2.5 岁儿童跳的能力进行观察评价时,可事先假设"这一阶段的儿童可独脚跳"。第三,通过随机抽样等手段来选择相应的实验被试者。第四,注意在自然环境中控制无关因素的干扰,如在对 2.5 岁儿童跳的能力进行观察评价时,可对被试者的穿着等方面做出要求。第五,根据实验计划具体实施实验步骤。第六,通过统计图、表格、数据或文字等方式呈现实验结果。②

表 5-4　2.5岁儿童跳的动作发展观察表

儿童姓名:_____　年龄:_____　记录时间:_____

观察项目	能	不能
会独脚站,独脚跳上 1～2 次		
能从大约 25 厘米高处跳下		
能双足同时跳离地面 2 次以上		
能双脚同时离地跳过 15 厘米线		

育儿宝典

儿童心理发育主要的测试方法是通过观察儿童的行为,表示在心理发育上成熟的过程和程度。目前我国普遍采用丹佛智能发育筛选测验来观察判断儿童动作发展。但筛查的目的不是为了了解儿童是否聪明伶俐,而是为了通过调查儿童的智能发育情况,促进儿童全面发展。

---

①② 唐敏,李国祥.0～3岁儿童动作发展与教育[M].上海:复旦大学出版社,2011.

表5-5　儿童智能发育筛查(丹佛)参考表[①]

月份	大动作发展	精细动作发展
1个月	俯卧时试举抬头	儿童腿臂双侧动作对称等同 视线能随目标移动90°
2个月	抬头时,脸与桌面约成45°	
3个月		儿童双手手指能互相接触
4个月	抬头时,脸与桌面约成90° 扶儿童坐时,举头正而稳、不摇动	视线能随目标移动180° 用摇铃接触儿童手指能握住
5个月	俯卧时手臂能支撑身体抬胸 扶站时腿能支撑体重片刻	坐在家长的腿上,能伸手向着桌面上的玩具
6个月	拉坐时,头部始终不后垂	能自己拿饼干吃,手中握着一块方木,又能注意第二块方木
7个月	会从俯卧转向仰卧或仰卧到俯卧的翻身,能独坐5秒钟或更长时间	两只手能同时各握一块积木,能抓起小丸
8个月	能扶着硬物体站立5秒钟或更多时间	能把一只手中的积木递交到另一只手
9个月		会用两指抓握小丸
10个月	能自己扶着把手站起来,会从站到自己单独坐下	能拿取放在桌上的小方块相互敲击
11个月	扶站时能把足提起片刻	会用拇指和食指抓握小丸,手掌不接触桌面
12个月	会扶着家具行走,能独立站2秒钟或更多时间	
12～15个月	不撑住地面能单独弯腰拾起玩具,步行自如,左右不摇晃	
15～18个月	能向后退两步或更多步	能叠稳两块方木,会在纸上有目的地划线,经示范能把小丸内的丸粒倒出
18～21个月	能扶着墙或栏杆上楼梯,不扶任何物体会将球向前踢出	能叠稳4块方木而不倒
21～24个月		不经示范能把丸粒倒出小瓶外
24～30个月	能举手过肩抛球,会双足同时离地向前跳,能不扶物体单脚站直1秒钟或更长时间	模仿画长于2.5厘米歪度不超过30°的直线
30～36个月	会骑儿童三轮车,能单足跳过21厘米的宽度	能叠稳8块方木而不倒,能模仿成人因积木搭"桥"等简单物体

说明:1岁以上的儿童以3个月为一年龄组,故年龄跨度较大,在该年龄组里的项目不要求全部通过,但该年龄组以前的项目要求全部通过。

家长沙龙

一、儿童会跳了吗?

心智发育特点: 2岁的儿童双脚并跳时,能双脚同时离地和同时落地两次以上;2岁半的儿童能双脚向前连续跳1～2米远;3岁的儿童能双脚向前连续跳3～4米远,原地双脚跳10～20次,能从20厘米高处跳下。

---

① 韩棣华.0～3岁儿童心理与优教[M].上海:上海科学普及出版社,2009.

居家测试要点：家长先做出双脚同时离开地面跳起的动作，然后鼓励儿童模仿，观察他能否双脚同时离开地面跳起。2岁的儿童能双脚同时离开地面，并同时落地2次以上即为通过。

家长先跳过16开白纸（大约20厘米宽），或者双脚在原地交替跳起，然后鼓励儿童模仿。2岁半的儿童能双脚同时离开地面跳起，并跃过白纸，但不踩到白纸上；3岁的儿童能双脚交替跳起，高度在5厘米以上即为通过。

二、儿童能自己画圆圈儿吗？

心智发育特点：2岁儿童画的圆圈弯弯曲曲，大多不能闭合；3岁的儿童涂鸦的能力快速发展，握笔姿势正确，懂得用左手扶纸，会模仿画气球、下雨、栏杆等。

居家测试要点：在纸上画一个圆圈，让儿童模仿。2岁的儿童会画一个弯弯曲曲的圆圈，没有闭合即为通过；3岁的儿童能画一个不太规则的圆圈，并且能模仿画出太阳、气球等圆形物体为通过。

三、儿童能自己穿衣服鞋袜吗？

心智发育特点：2岁半的儿童会完成提裤子的动作，无需家长帮助，会自己伸手套上一只袖子；3岁的儿童会自己脱衣服、鞋、袜，穿前面开口的衣服，会按子母扣和系大一点的扣子，会自己穿鞋、袜和裤子。

居家测试要点：把儿童的鞋脱下，将鞋尖对着他，再鼓励他自己穿上，观察儿童能否自己穿上。把儿童的上衣扣解开后，鼓励儿童自己扣上。2岁半的儿童能自己穿上鞋子，但不一定能分清左右，也不一定能系上鞋带；3岁的儿童能自己扣上上衣的一个纽扣即为通过。①

第二节　0～3岁儿童大动作发展的观察评价

案例导入

宝宝30个月，会跑，会双脚向上跳和向前跳，但不会走平衡木，不会独脚站立。根据儿童大动作发展水平的测评表，该宝宝大动作的发育年龄为28.5个月，为中等发展水平。建议为宝宝设计模仿"公鸡走路"的游戏活动，让宝宝练习在直线上用足尖走路；还可以设计练习"过河石"的游戏，将河石排成圆形和S形，在家长保护下，让宝宝练习走过河石，训练身体的平衡能力。②

一、儿童大动作发展水平测评指标

儿童在各个年龄阶段中所出现的动作行为模式可作为这一年龄阶段的动作发展评价项目和评定心理发展水平的指标，用于对照参考测评儿童动作的发展状况。

儿童大动作发展水平测评指标

1个月：

俯卧抬头——儿童俯卧，双臂放在头两侧，能自行抬头，下颌离开床面2秒钟。

2个月：

---

① 1～3岁宝宝智力测试. 百度文库 http://wenku.baidu.com/view/d3c40d1a59eef8c75fbfb3a8.html
② 人力资源和社会保障部，中国就业培训技术指导中心. 育婴员[M]. 北京：海洋出版社，2013.

俯卧抬头45°——儿童俯卧可自行抬头,面部离开床面45°。

3个月:

俯卧抬头90°——儿童俯卧可自行抬头,面部离开床面90°。

独坐时头稳定——将儿童保持正面坐位,儿童头部竖直、稳定、不会向后倒。

4个月:

拉坐不后仰——儿童仰卧,成人握住其双手或腕部,轻轻拉至坐位,儿童的头不会向后倒。

抬头抬胸——儿童仰卧,能用伸出的双手或前臂支撑抬起头部和胸部。

5个月:

扶站——扶儿童站在桌面上,慢慢放松手,不要完全放开。儿童的腿能支持体重2秒钟以上。

6个月:

翻身——儿童仰卧,成人用玩具在一旁逗引,儿童能从仰卧翻成俯卧,或从俯卧翻成仰卧。

扶站——成人扶着儿童的腋下让其站立,儿童两腿会上下跳动。

7个月:

独坐——儿童独坐在床上,不用支撑能独坐1分钟以上。

匍匐爬行——依靠腹部着地左右蠕动移动身体。

8个月:

扶栏杆站——儿童站在栏杆前,不需人扶,扶物能站立。

爬——儿童俯卧在床上,能用胳膊和膝盖支撑成爬的姿势,往前爬行。

9个月:

拉物体站起——儿童能拉着硬物(桌、椅、围栏等)站起。

爬——儿童四点跪地的姿势,成人在不同方向用玩具逗引其爬行取物,能自如地爬来爬去。

10个月:

自己坐下——儿童处于站位,用语言引导并示范。儿童能自己坐下。

独站——扶儿童站稳后松手,能独站2秒钟以上。

扶双手迈步——扶儿童双手站立在地上,鼓励其迈步,儿童能迈3步以上。

11个月:

扶栏杆走——扶着栏杆、桌椅、床沿或小推车,能来回移步走。

扶一手走——成人扶着儿童一手,儿童可以与家长一起走。

12个月:

独站——扶儿童站稳后放手,儿童能独站10秒钟以上。

走——让儿童独站,鼓励其在两成人之间走,儿童能独走2~3步。

13~15个月:

走得好——儿童独自行走步行自如,不会左右摇摆。

不扶物可自己蹲下——儿童能弯腰捡起玩具,手不按地面,能自己站立起来。

16~18个月:

扶栏上楼——儿童上楼梯可双手扶栏上1~2个台阶。

举手过肩抛球——儿童会举手过肩并抛球,抛球的距离为成人臂长,高度在成人胸膝之间。

19~24个月:

踢球较准——站在儿童对面,鼓励儿童将球踢过来。儿童会朝一定的方向踢球。

会跑——儿童能向成人的方向跑2米,但还不会自己停下来。

拉着成人的手上楼梯——成人拉着儿童一手上楼梯,儿童能两脚一阶地连续上3个台阶以上。

25~30个月:

独自上楼——儿童能两脚一阶连续上2~3个台阶。

跑得稳——成人将球抛出,引导儿童跑去捡回来。儿童跑得平稳,会停止。

双足并跳——儿童可模仿成人双脚同时跳离地面2次以上。(双脚同时离地,同时落地。)

独脚站——成人示范单脚站,儿童能不扶物站立1秒钟以上。

31~36个月：

双脚跳远——成人示范双脚立定跳远,儿童能双脚离地跳远后能站稳。

上下楼梯——儿童能双脚交替上下楼梯,上楼梯时一步一个台阶,下楼时两步一个台阶。

独脚站——成人示范单脚站,儿童能不扶物能站5秒钟以上。

骑三轮车——提供车子和场地,儿童能在平地上会走直线3米左右,能转弯。

二、儿童大动作发展观察记录

(一)0~3个月

0~3个月的儿童主要从抬头转头、俯卧抬头等大动作发展来进行观察记录。

1. 抬头转头

观察方法:竖抱时,观察儿童的头能否竖直保持中间的位置并向四周张望,儿童的头不向后仰或左右摇晃;仰卧时,用玩具逗引,观察儿童的头能否随着看到的物品或听到的声音上下转动或左右转动。

注意事项:玩具移动速度可根据儿童转头动作的发展水平由慢到快,视野角度慢慢拓宽。

2. 俯卧抬头

观察方法:让儿童以趴躺的姿势,观察儿童是否会借助肘和前臂的力量支撑抬头;头是否保持在中线的位置;观察头部离开床面的角度、坚持的时间。

注意事项:家长有意识每天让儿童趴趴,用玩具逗引。

(二)4~6个月

4~6个月的儿童主要从翻身、学坐等大动作发展来进行观察记录。

1. 翻身动作

观察方法:让儿童仰卧,在儿童胸部的上方出示玩具,观察儿童上半身是否有意识地向玩具方向转动成侧卧姿势;上举的手臂和两腿是否弯曲并踢蹬借力,能否从仰卧位翻转成俯卧位,两手支撑并抬头抬胸;俯卧时观察儿童臀部是否耸起,双膝是否弯曲,小腿能抬离床面,两脚能否交替蠕动或互相玩弄;是否需要家长帮助,能否从俯卧位翻转成仰卧位。

注意事项:儿童的翻身动作是分阶段完成的,家长不宜过于着急,应积极鼓励并给予适当的帮助。

2. 靠坐学坐

观察方法:观察儿童坐时头部能否竖直竖稳;是否需要靠身旁的支撑物或借助双手支撑来维持身体平衡,身体能否挺直不会左右摇晃或向前后倾倒。

注意事项:注意儿童坐时的安全保护,儿童学坐时间不宜过长。

(三)7~9个月

7~9个月的儿童主要从坐、爬、站等大动作发展来进行观察记录。

1. 独坐自如

观察方法:观察儿童是否不用借助手的支撑来维持坐时的身体平衡;观察儿童能否在仰卧位或俯卧位的基础上转到侧向坐起,是否能用一只手和髋部支撑身体将上半身抬起;观察儿童从坐位翻转到仰卧位或俯卧位;从不同角度用玩具逗引儿童,观察儿童身体前倾或向左右方向自如转动上身,伸手够取玩具后能否坐稳;坐时能否借助手和脚的力量来移动身体位置而不摔倒;是否能扶着栏杆从站位有意识变成坐位。

注意事项:注意儿童坐的时间不宜太长,注重训练观察儿童侧向坐起的能力。

2. 手膝爬行

观察方法:让儿童俯卧,家长在儿童前面用玩具逗引,观察儿童是否通过双手、大腿和膝盖的支持将身体撑起,胸部和腹部是否完全离开地面;观察儿童的双手和双腿能否轮流协调运动,带动身体向前移动,能否往前爬行。

注意事项:家长要注意观察儿童爬行的速度,四肢交替向前的配合和协调能力,创造条件让儿童多爬行。

3. 扶杆站立

观察方法：观察儿童能否自己扶着栏杆站立，上身和胸部是否离开栏杆，身体是否晃动，能否抬起一只脚又放下而保持身体平衡；在靠近儿童的地面上放一个玩具，观察儿童能否用一只手扶住栏杆，弯下身体用另一只手去拿玩具后再站起来。

注意事项：注意观察引导儿童用脚掌站立，以保持身体的平衡。

（四）10～12个月

10～12个月的儿童主要从站、学走等大动作发展来进行观察记录。

1. 独自站立

观察方法：观察儿童能否不扶着栏杆独自站立，保持站立的时间；能否举起双手，随意活动上肢而保持站立时身体的平衡；能否弯腰捡起地上较大的玩具而不扶栏杆再独自站起。

注意事项：用玩具逗引儿童，让儿童进行多种方式的游戏活动来训练观察站立时间和站立的平衡稳定性，家长注意保护。

2. 爬行动作

观察方法：观察儿童手膝爬行能否随意改变爬行的方向和自如地转身，协调好双手和双腿的交替运动；能否抬高臀部使膝盖离地并弯曲用脚着地进行手足爬行；能否爬过枕头等障碍物；能否爬上一两级台阶。

注意事项：针对儿童动作的发展特点，创设条件逐步增加障碍物的高度和宽度，观察爬行的速度和灵活性。

3. 扶走迈步

观察方法：观察儿童扶着栏杆或家具能否侧向移动双腿迈步，是一只手扶栏杆或是双手交替扶栏杆；能否拉着家长的手移动双腿向前迈步；能否不扶东西向前迈步，身体是否平衡。

注意事项：儿童对于自己能力不能及的距离有明显的恐惧感，家长应注意保护和鼓励，针对儿童能力水平设计调整观察内容。

（五）13～18个月

13～18个月的儿童主要从行走、站立、上下楼梯等大动作发展来进行观察记录。

1. 行走自如

观察方法：观察儿童是否行走自如并能绕过障碍物行走；能否拖着玩具前进、转弯和避让障碍物行走；能否抱着玩具或双手背在身后走；能否在走动中用手朝前用力抛球或抬起一只脚踢球而不摔倒；能否空身向后倒退走几步；观察儿童走的速度，是否越走越快。[①]

注意事项：不断增加走的难度来观察儿童行走的协调性、控制力、平衡性。

2. 蹲站动作

观察方法：家长把玩具扔到地上，儿童弯腰捡起，观察儿童是否需要用手支撑身体，或用手借助其他东西才能站起来，能否顺利把玩具捡起来后不摔倒，是否做到由蹲到站起来。

注意事项：可鼓励儿童扔球捡球，观察儿童行走平衡性和蹲站控制力。

3. 上下楼梯

观察方法：观察儿童是否手足并用爬上楼梯，计算儿童爬楼梯阶数；能否爬上沙发或大椅子并转身坐下；观察儿童攀爬时手脚动作配合是否迅速、协调，是否用两只手扶栏上楼梯或下楼梯，双脚是否在同一阶梯上；能否用一只手牵大人手，一手扶着栏杆跨上台阶；计算儿童上下楼梯阶数。

注意事项：下楼梯时，家长应站在儿童前面保护，避免儿童踩空阶梯。开始应选择高度较低的台阶进行训练。

---

① 邓静云，童梅玲，胡幼芳. 婴儿运动能力的发展与训练[M]. 北京：中国人口出版社，2007.

（六）19～24 个月

19～24 个月儿童主要从跑步、攀登、跳跃、抛球踢球等大动作发展来进行观察记录。

1. 跑步动作

观察方法：观察儿童能否在跑动中通过扶物或拉着家长停下来；能否在跑动中控制自己逐渐放慢速度使自己停下来；跑动时膝关节是否弯曲，手臂前后摆动是否协调。

注意事项：由于儿童腿部肌肉力量较弱，维持身体平衡能力较差，在跑动中易跌倒，家长应选择平坦的活动场地。

2. 攀爬台阶

观察方法：观察儿童能否用手扶着栏杆或扶着墙壁一阶一阶上楼梯；能否自己扶着栏杆熟练地上下楼梯；能否不扶栏杆自己走上楼梯；能否爬上 70 厘米左右的攀登架；能否独自爬下攀登架。

注意事项：家长要鼓励儿童大胆攀爬，并随时留意安全保护。

3. 原地跳跃

观察方法：家长面对宝宝，扶宝宝腋下并往上跳起，家长示范双脚同时离地跳起，让宝宝模仿。观察宝宝是否有跳的意识；能否双脚同时离地；是否能连续跳起两次以上。

注意事项：如宝宝主动跳跃有困难，家长可拉着宝宝的手，跟着儿歌的节奏下蹲或跳起，也可扶着宝宝腋下，以近乎拥抱的方式帮助宝宝有规则起跳落下，掌握跳跃的动作。

4. 抛球踢球

观察方法：两个大人分别站在儿童对面的两个不同方向，让儿童过肩分别向两个大人不同方向抛球，观察能否向不同方向过肩抛球，能否举手过肩扔出球；能否将腿摆动起来用脚尖踢球，踢球时保持身体平衡不跌倒。

注意事项：家长要示范引导儿童掌握抛球踢球的技巧。

（七）25～30 个月

25～30 个月儿童主要从平衡能力、攀登楼梯、滚球接球等大动作发展来进行观察记录。

1. 平衡能力

观察方法：能否在不扶着物体的情况下单脚站立 2 秒钟以上，身体是否摇晃；让儿童在平衡木上走，观察儿童能否走过 16（宽）×15（高）×200（长）厘米的平衡木，并不扶物跳下后站稳；能否双脚同时离地跳过 15 厘米线，保持身体平衡。

注意事项：儿童平衡能力较差，家长应注意适当保护。

2. 攀登楼梯

观察方法：大人示范不扶栏杆上下楼梯，观察儿童能否在不扶栏杆的情况下稳定地上 3 级台阶；能否手捧球或拿玩具，两脚交替一步一级台阶走上楼。

注意事项：儿童开始学习独自下楼时，家长最好把他放在楼梯最末一层台阶中间让其自行下楼，逐渐再从楼梯最末几层台阶让其试着下楼。

3. 滚球接球

观察方法：让儿童蹲下做好接球准备，观察儿童能否熟练地接住并抱起从离他 2 米远滚来的球；能否预测球滚来的方向以调整自己的站位；能否接住滚来的球或接住反跳起来的球；是用手臂和胸腹部把球抱住还是用双手接球。[①]

注意事项：根据儿童的能力来调整球的速度和方向，逐渐加大接球的难度。

（八）31～36 个月

31～36 个月儿童主要从跳跃、投掷、骑三轮车等大动作发展来进行观察记录。

---

① 邓静云，童梅玲，胡幼芳. 婴儿运动能力的发展与训练.［M］.北京：中国人口出版社，2007.

1. 跳跃

观察方法:家长可结合音乐制造不同的情境,让儿童尝试连续双脚离地向前跳。观察儿童双脚是否同时离地,双脚是否同时落地,是否同时向上、向前跳;能否跳过间隔25～30厘米的"小河";听到信号能否调整动作,能否跟着音乐节奏来跳跃,能否连续跳跃。

注意事项:"小河"的宽度可根据儿童的能力逐渐加宽,家长要及时指导儿童用正确的姿势起跳落地。在运动强度和密度设计上应考虑动静交替,让儿童适当休息。

2. 皮球投篮

观察方法:用一个纸篓挂在门或墙上,高度略高于儿童身高,家长示范把皮球投进篮,观察儿童是单手投篮还是双手投篮,能否投中目标。

注意事项:投篮高度和距离可根据儿童的身高和能力来调整,注意鼓励儿童两手轮流投篮锻炼。[①]

3. 骑三轮车

观察方法:观察儿童能否自己骑小三轮车;能否踩着脚踏板直线前进;能否控制三轮车绕过障碍物拐弯或停车而保持身体平衡。

注意事项:注意让儿童感受运动的乐趣,掌握骑三轮车的方法。

育儿宝典

0~36个月儿童阶段性运动能力

第1阶段:0～12个月。代表性动作:拍。

1岁前的宝宝还很难独立游戏,主要还是和妈妈一起玩。这一时期宝宝的游戏,主要是训练手眼、手脚之间的协调能力。游戏列举:拍手、拍脚掌、拍图片。

第2阶段:13～21个月。代表性动作:投、扣、蹬。

随着手眼协调能力的增强,视觉和大肌肉的协调能力变得比较发达,这时可以玩的游戏也逐渐丰富起来了。游戏列举:纸杯扣球、投纸篮。

第3阶段:21～23个月。代表性动作:踢。

到了这个时期,孩子已经能够很好地控制自己的身体动作,踢球也能踢得很不错了。而且,他们一般也都喜欢踢球。游戏列举:射门、骑三轮车。

第4阶段:24～30个月。代表性动作:双脚跳。

这个阶段的孩子,由于大腿肌肉力量的增强,可以很好地完成双脚跳的动作。游戏列举:小脚跳一跳、小兔蹦蹦跳。

第5阶段:31～36个月。代表性动作:抛接球、单脚跳。

到了这个时期,平衡感得到了迅速发展,能够双脚起跳和单脚跳;能抛球和接球了,而且,他们也非常喜欢玩抛球和接球的游戏。游戏列举:抛接球、纸箱投篮、跳过障碍物、单脚跳。

(摘自《父母必读》2013(11)总第425期)

[①] 邓静云,童梅玲,胡幼芳.婴儿运动能力的发展与训练[M].北京:中国人口出版社,2007.

家长沙龙

如何对待儿童特殊的活动方式?

观察记录: 宝宝正好17个月,他能熟练地走路,奶奶反映他12个月的时候就已经会走路。活动室里有一个维尼小熊塞球的玩具,只要用手按到一个凸起的按钮,就有球从里面滚出来。宝宝熟悉这个玩具,也知道因果关系。他走到小熊旁边,并没有像以前一样坐下来或蹲下来,而是在站稳之后,抬起一只脚踩在按钮上,并用力往下踏,一个球迅速滚了出来。他又重复刚才的动作,奶奶立刻上前试图制止宝宝的动作。

思考分析: 案例中宝宝用腿部动作"踏"代替了手部动作"按",说明宝宝有良好的肢体协调能力。"踏"这个动作用在这个玩具上是具有一定的技能要求的。17个月的儿童能较平稳地走路,但保持自身平衡能力还不是很强,找准按钮踏下去,需要单脚站立一定时间的能力,这说明宝宝的肢体协调性较好。

引导策略: 是什么样的游戏背景让宝宝采用了这种特殊的方式呢? 原来宝宝家里有一个脚踏式垃圾桶,奶奶经常做类似动作,脚踏到按钮上,盖子自动弹起来,垃圾就可以放进去,宝宝曾在家里也做过类似的动作。家长要明白满足儿童自主探知的重要性,不要主观制止儿童的探索活动。儿童用手按或者用脚踏所获得的游戏体验是不同的,不仅反映儿童身体的平衡能力和肢体的协调性,而且反映儿童通过日常生活的观察获得生活经验,并能把生活经验进行有机的迁移,对于儿童来说是非常有价值的。[①]

第三节　　0～3岁儿童精细动作发展的观察评价

案例导入

　　宝宝33个月,会拼四片拼图;不能使用筷子把红枣夹到盘子里;会将一张纸折成两折,但不规则;不会双手配合粗针穿珠;根据儿童精细动作发展水平测评表,该宝宝精细动作的发育年龄为26个月,该宝宝精细动作的发展水平差,应加强训练。建议为宝宝设计将正方形折成长方形再折成小方形、三角形等折纸活动;提供儿童智力串珠,学习双手穿孔串出项链动作;学习拼不规则五片拼图;利用各种游戏活动让宝宝学习使用筷子,提高手眼协调能力。

一、儿童精细动作发展测评指标

　　0～3岁是儿童双手精细动作能力发展关键期,如5～6个月是双手协作能力产生发展的关键,7～8个月能单手抓住多物,11～12个月能放物入孔,12～13个月是双手控制物品的关键期,16～17个月是垒叠平衡能力发展的关键期,24～25个月能用笔画直线,33～34个月是建构能力发展的关键期。家长应注意观察儿童精细动作敏感期出现的时间,明确精细动作发展水平的测评指标,为儿童创设敏感期爆发需求的环境。

---

① 李俊,马梅.婴幼儿教养活动(13～18个月)[M].上海:复旦大学出版社,2010.

各年龄阶段儿童精细动作发展水平测评指标：

1个月：握持反射——成人用手指触摸儿童手心,婴儿能紧握拳头2秒钟以上。

2个月：婴儿仰卧,两手臂自由活动,能主动将手放进嘴里。

3个月：抓握玩具——将拨浪鼓或带柄玩具塞进婴儿手中,能抓住玩具数秒钟;婴儿两手能在胸前轻握。

4个月：摇拍玩具——让婴儿手与拨浪鼓接触,婴儿的手会主动张开来抓,并握住、摇动及注视拨浪鼓;能伸手抓、玩悬挂的玩具。

5个月：伸手抓物——在桌面上放一玩具,鼓励儿童够取,婴儿能抓住近处的玩具。

6个月：全掌抓物——成人将积木出示在婴儿面前,先从一侧递一个,再从另一侧递一个。婴儿用全掌两手各拿一个积木达10秒钟以上。

7个月：

玩具换手——婴儿能将第一块积木传递给另一只手再拿第二块积木。

摆弄小丸——婴儿所有的手指都可弯曲地做摆弄、搔抓的动作,并能成功地抓住小丸。

8个月：

玩具对敲——婴儿能用一只手中的积木,明确打另一只手中的积木2次以上。

拇指、他指抓握——能用拇指的任何部位与其他手指把小物品拿起。

9个月：

杯中取物——将杯中和方木放在婴儿面前,把方木置于杯中,婴儿能从杯中取出方木。

拇指、食指抓捏——婴儿能用拇指、食指捏取小物品。

10个月：

熟练对捏——婴儿能用拇指和食指的指端捏起小物品,动作比较熟练、迅速。

模仿投物——成人示范将积木放入筐内,鼓励婴儿模仿。婴儿能有意将玩具放手,模仿将积木投入筐内。

11个月：

打开纸包——在婴儿的注视下,用纸包裹直径2.5厘米的小球,鼓励婴儿打开,婴儿能主动打开并找到小球。

12个月：

搭高积木——拿出四块积木,示范搭高,逐块给婴儿搭。婴儿会搭高1～2块,且不倒。

全掌握笔画道——给婴儿纸和笔,不做示范。婴儿能有目的地在纸上画出两种或更多的笔道。

13～15个月：

放物入瓶——儿童能将葡萄干投进瓶口直径约2.5厘米的瓶子里。

模仿套圈——成人示范将10厘米的彩色圈套在垂直的棍上,儿童能模仿套5个。

排列积木——儿童能排2～3块积木成"火车"状。

翻书动作——开始在大人的示范和鼓励下出现翻书动作。

16～18个月：

搭稳积木——出示4块以上方木,示范搭高,儿童能搭稳4层积木。

独自乱画——能模仿拿笔姿势,但不准确。

瓶中取物——将葡萄干放入直径2.5厘米的透明瓶子里,儿童能全部取出或倒出。

盖瓶盖——成人示范将盖子放在瓶口上盖严,儿童能将盖子放在瓶口上,但盖不严。

19～24个月：

逐页翻书——成人示范一页一页地翻书,儿童能用手捻书页,每次一页,可以连续翻3次以上。

搭高积木——成人逐块出示积木鼓励搭高楼,儿童能搭高6块积木。

穿过扣眼——儿童能将玻璃丝穿过扣眼5毫米以上。

正确握笔——儿童会用拇指和四个手指配合抓握笔。

25～30个月：

学习折纸——成人将正方形折成长方形,再折成小方形等,儿童会将一张纸折成两折或三折,但不规则。

模仿画线——儿童能用蜡笔画出至少25厘米长、斜度不超过30°的直线。

筷子夹枣——儿童能自己用筷子夹 1～2 个红枣放到盘子里。

放豆入瓶——儿童能在 30 秒内将 10 粒黄豆放入瓶子。

31～36 个月：

模仿搭桥——成人示范把两块方木并列排出,中间留出小于方木边长的距离,第三块盖在前两块上成桥。儿童能搭出和成人相仿的桥。

穿串珠子——儿童能用塑料绳子穿 10 个以上的木珠或扣子。

折纸——成人将正方形折成长方形再折成小方形、三角形等,儿童能折正方形、长方形或三角形,会折 2 种以上,边角整齐。

模仿画"＋"形——成人示范画"＋"形,不说出"＋"形名称,让儿童照样画。儿童能画出两条交叉线。

动物拼图——将一张动物图片剪成 5～6 块,示范拼出原形,儿童能在 2 分钟内拼出动物原形。

二、儿童精细动作发展观察记录

(一) 0～3 个月

0～3 个月婴儿精细动作观察主要在于一些简单抓握能力的观察

1. 触摸抓握玩具

观察方法:婴儿清醒状态下,躺在床上或由妈妈抱着,家长轻轻从指根到指尖抚摸婴儿的手背,让婴儿把小手张开,分别把不同质地的玩具放在婴儿手中,观察婴儿能否抓住它不让它掉下。

注意事项:使用的玩具手柄一定要光滑、粗细适中,以免损伤婴儿皮肤。

2. 两手抓握相碰

观察方法:让婴儿仰卧,将其两手放在胸前的位置,观察婴儿的双手能否相碰握在一起;能否将自己的手臂举到身体前面,把双手贴在自己脸前,注意并凝视自己的双手;能否玩弄自己的手和手指,并把手放到嘴里。

注意事项:选择在婴儿清醒状态下,注意婴儿衣着宽松,便于手臂活动。

(二) 4～6 个月

4～6 个月婴儿主要从主动抓取玩具和掀盖物品能力等方面进行观察。

1. 主动抓取玩具

观察方法:在婴儿眼前吊一个玩具,观察婴儿眼睛能否随着玩具的移动;能否主动伸手抓住晃动的玩具,用单手还是双手,是整个手掌抓还是拇指和四个手指配合抓;能否用手较长时间把玩具抓在手中玩耍;能否用手腕自由摇动玩具发出响声。

注意事项:家长可在婴儿床头悬挂一些玩具,鼓励伸手触摸感知、抓握并摇晃或挤压玩具,促进婴儿手眼协调能力的发展。

2. 掀盖物品能力

观察方法:观察婴儿能否把盖在自己腹部的衣服或小毛毯等物品掀起来再盖在脸上;能否把蒙在脸上的薄布、手帕等物品迅速地拉开。[①]

注意事项:注意选择的手帕大小、厚薄要适宜。

(三) 7～9 个月

7～9 个月婴儿从玩具换手对击动作、捏取细小物品能力来进行观察。

1. 玩具换手对敲

观察方法:将婴儿置于坐位,把一块小积木递给他,再向他拿积木的手递另一块积木。观察他是否将第一块积木换到另一只手后,再拿第二块积木;观察婴儿是全手掌抓握还是拇指配合他指抓握;让婴儿一手拿一个玩具,观察是否在成人示范下对敲或能主动对敲,观察对敲的准确性和熟练程度。

注意事项:婴儿双手互相敲击物品可以评价手眼协调能力,因为双手对到中线的动作是正常发育的一个标志。

---

① 邓静云,童梅玲,胡幼芳. 婴儿运动能力的发展与训练[M]. 北京:中国人口出版社,2007.

2. 捏取细小物品

观察方法:把一些小东西(葡萄干、小馒头等)放在面前,观察婴儿是否用拇指和弯曲的食指对捏,抓细小东西,并能准确放入嘴中,抓握时其他三个手指是否松弛卷曲而不弯曲或者三个手指是伸展的;动作是否协调、迅速。

注意事项:给儿童抓取的细小物品应注意安全,训练结束后要及时收起来。开始时可以用拇指、食指和中指三指,逐渐过渡到拇指和食指对捏。

(四)10～12个月

10～12个月儿童从手指灵活对捏、手眼协调动作方面进行观察。

1. 手指灵活对捏

观察方法:是否伸出食指拨弄各种开关和算盘珠;能否用食指从瓶中抠出糖丸;能否用拇食指捏取细小物品并准确将物品投入广口瓶中;能否尝试多种方法取出物品,用哪几个手指抓。

注意事项:家长可利用语言提示和动作示范,鼓励儿童的尝试模仿。

2. 手眼协调动作

观察方法:让儿童根据家长指令做各种动作,如眼睛眼睛在哪里?鼻子鼻子在哪里?观察儿童能否根据各种指令做相应的动作,用手指快速准确地指出相应的部位;能否模仿家长动作做拍手鼓掌、挥手再见、手指拿捏等动作。

注意事项:注意鼓励儿童用五个手指轮流拿捏,快速准确做各种动作,训练手眼协调能力。

(五)13～18个月

13～18个月儿童从翻书动作、搭垒积木、使用汤匙等方面进行观察。

1. 翻书动作

观察方法:选择纸张较厚的纸板图书或布书,引导儿童翻阅观察图书。家长用拇指和食指捏着书页,将书页轻轻提起来翻过去。观察儿童能否用手指捻书页,用几个手指配合翻书,能否一页一页翻书,翻书动作是否熟练。

注意事项:指导儿童正确的翻书方法,要教会儿童一页一页翻书,顺着翻书,养成早期阅读的良好行为习惯。

2. 搭垒积木

观察方法:观察儿童用哪些手指配合拿取积木,是否需要在成人示范下搭高积木,能搭几块积木;能否在示范下把积木排成横队,排成的横队是否直的;能否在成人示范下把积木搭成物体,有哪些物体的形状。

注意事项:在搭垒积木中发展儿童多个手指配合,灵活拿取物品的能力。

3. 使用汤匙

观察方法:观察儿童能否利用多个手指的配合拿好汤匙;能否利用手腕的力量舀起汤圆或饭菜,并把东西准确地送到自己的嘴里,无滴洒。

注意事项:鼓励指导儿童正确使用汤匙,注意培养儿童自理生活能力。

(六)19～24个月

19～24个月儿童从握笔涂鸦、穿扣串珠、打开瓶盖等动作进行观察。

1. 握笔涂鸦

观察方法:家长用蜡笔敲打出雨声,边念儿歌边涂鸦,鼓励儿童模仿,观察儿童能否用笔敲击;握笔挥动时能否挥动手臂;握笔涂鸦能否小幅度划动。

注意事项:儿童在画时,家长要给予语言的鼓励,要用富有想象力语言描述他的画,也可和儿童共同完成画画,提高儿童涂鸦兴趣,同时体验亲子情感交流。

2. 穿扣串珠

观察方法:提供小纽扣、小珠子、有孔的小积木等材料,家长双手将线横拉成一条直线,放下细线,示范串珠动作。观察儿童是否观察小孔,能否将绳子穿过扣眼、珠孔、积木的小孔;穿过扣眼(小洞)后能否顺利拉出线头,是否需要成人协助;有无穿好后翻手拉的动作,动作是否连贯;在一分钟内能穿多少个纽扣、小珠子、小积木。

注意事项:当儿童穿串珠遇到困难,没有将线头从孔中拉出,家长可给予适当的帮助,让儿童体验成功的喜悦,提醒和鼓励儿童完整地串出一串珠链。

3. 打开瓶盖

观察方法:提供有瓶盖的瓶子给儿童,观察儿童是否拿起瓶子摆弄;在没打开瓶子前是否会摇晃瓶子;观察儿童能否在成人示范下打开瓶盖,并计算儿童打开瓶盖所需的时间。

注意事项:要注意所选择的瓶子不宜太大,让儿童一手可以握住瓶盖,瓶盖不要拧太紧。

(七)25～30个月

25～30个月儿童从握笔姿势、使用工具、使用筷子动作等方面进行观察。

1. 握笔动作

观察方法:观察儿童是否是拇指、食指、中指握笔,是否在大人的示范下完成画圆、画线;能否画成圆形图案、画封闭圆;能否画两条直线;能否画出长度超过2.5厘米垂直线;能否画出两条相交的直线。

注意事项:由于儿童手指灵活性差,肌肉容易疲劳,注意儿童握笔动作的指导,让儿童握笔时间不宜过长。

2. 使用夹子

观察方法:选择不同大小的夹子,用夹子夹住纸条或纸杯,观察儿童是单手捏夹子夹还是双手互相配合夹;能夹大的还是小的;是拇指食指对捏还是三个手指抓捏;能否把物品塞到夹子里,紧按不放夹牢物品。

注意事项:大小不同的夹子张开时,对手指拿捏的力度要求不同。大小适中、较松的夹子容易获得成功;操作较大、较紧的夹子时,家长要给予适当的帮助和鼓励。

3. 使用筷子

观察方法:观察儿童能否用拇指食指捏住筷子,其他手指配合使用筷子;能否使用筷子将小积木夹到另一个盘子里,儿童使用筷子时手指的动作是否能协调配合。

注意事项:刚开始让儿童夹住方形物体、长形物体,再逐渐过渡到练习夹圆形物体。

(八)31～36个月

31～36个月儿童重点从翻书阅读、叠纸动作、使用剪刀等方面进行观察。

1. 翻书阅读

观察方法:选择适合儿童阅读的书本,家长在陪伴儿童阅读中提出问题,观察儿童是否对家长问题有回应;能否一页一页地翻书;用哪些手指参与翻书;是否有顺序地翻看。

注意事项:这个年龄段儿童可随手从任何一页开始翻阅,但是要注意挑选图书。对于页数较多、纸张较薄的图书,可以通过自制便于抓捏的标记露在页面外面等,家长可采用抑扬顿挫的声音、丰富的表情、有趣的动作来激发儿童阅读的兴趣,逐渐培养儿童有次序一页一页翻书的阅读习惯。[①]

2. 叠纸动作

观察方法:选择一张正方形纸张,家长示范简单的边与边对折,观察儿童的完成情况。

表5－6　儿童叠纸动作观察记录表[②]

叠纸		在大人示范下完成			独自完成		
		图形边角是否整齐	是否会将纸压平	图形对折次数	图形边角是否整齐	是否会将纸压平	图形对折次数
第一次	长方形						
	正方形						
	三角形						
第二次	长方形						
	正方形						
	三角形						

注意事项:指导儿童双手五指配合进行折叠、对齐、压平的方法,调动活动的兴趣。

---

① 张丽华,张梅,李俊,马梅.婴幼儿教养活动(25～36个月)[M].上海:复旦大学出版社,2010.
② 周念丽.0～3岁儿童观察与评估[M].上海:华东师范大学出版社,2013.

3. 使用剪刀

观察方法：观察儿童是否正确使用剪刀（方法：将拇指插入一侧手柄，中指插入对侧手柄，食指在手柄之外帮助维持剪刀的位置）；剪出什么图形；动作是否熟练灵活。

表5-7：儿童使用剪刀动作观察记录表[①]

使用剪刀	抓住剪刀	使用剪刀			动作是否灵活
		剪直线	剪半圆	剪出其他图形	
独自完成					
在他人帮助下完成					

注意事项：选购一种儿童专用的带套的钝头剪刀，使用剪刀时，必须有人看护，并教会儿童简单的使用方法。剪刀用完后要套上塑料套收好，不要让儿童轻易拿到。

育儿宝典

0～3岁儿童精细动作训练方法

家长可以帮助0～1岁婴儿"发现"自己的小手、玩弄小手，帮助他做手指按摩操；让婴儿的双手抱奶瓶吃奶，拿小磨牙食品自己吃；提供各种物体让婴儿触摸抓握，给物训练、放手训练、双手交换取物、拍拉悬挂物、两手拿玩具互敲、左右手传递玩具等活动。

对于1～3岁儿童可进行前三指抓握、释放练习。如捏海绵、盖印章、指东西、捡豆豆、戳小洞、放物入瓶等游戏活动。也可进行拿水果、搬椅子、擦桌子、穿脱衣服、拍球、拍手、撕纸、折纸、翻书、捏橡皮泥、搭积木、穿珠子、涂涂画画、折纸、学用筷子、学剪贴和投掷游戏等手眼协调训练。

家长沙龙

夹夹子活动观察分析

【观察记录】宝宝在玩夹子，他拿起一个夹子看了看，放进篮子里，又拿起另外一个颜色的夹子却放了回去。妈妈对宝宝说："我们来夹夹子吧。"妈妈拿起一个夹子夹住宝宝的衣服，宝宝却把它扯下来，丢在一旁。这时老师拿起一个夹子，一边夹一边说："夹子夹子张开嘴，张开嘴巴咬住他。"说完便把夹子夹住杯口。宝宝也照着老师的样子，用夹子去夹杯口，因为杯口太厚，试了几次都没有成功。就在宝宝打算放弃的时候，老师拿来一根长条的小草，让宝宝来夹，宝宝试了试，一下就成功了，她高兴地笑了。

【思考分析】这是一个老师的观察记录，通过这个片段，我们可以看到妈妈示范动作过快，以致儿童看不清楚。宝宝每次在要夹住东西时，手指不再用力，夹子就会合上，东西没被夹住。而当老师放慢速度时，宝宝就能很快地模仿起来，感受到夹子的一张一合。

【引导策略】针对儿童对夹子一开一合的混淆情况，可以将两个动作分开示范，先引导儿童用拇指和食指、中指捏住夹子尾部，把夹子取下来；再示范夹子先张开嘴巴，夹住儿童衣服，使儿童建立用手捏

---

① 周念丽.0～3岁儿童观察与评估[M].上海:华东师范大学出版社,2013.

夹子就会张开嘴的概念。夹东西时要有一定的选择性,先选择薄的、硬的,如硬纸板等,然后再选择有一定厚度和软度的塑料、手帕、衣服等东西让儿童夹。家长要注意发现和充分利用日常生活中的各种锻炼机会,训练儿童精细动作,培养独立的生活自理能力。①

【反思与实践】

1. 请结合实际谈谈如何遵循0～3岁儿童动作发展评价的原则。

2. 到亲子园观察儿童动作的发展,设计记录表观察记录儿童动作发展水平,并根据观察记录情况进行分析,提出教育建议。

3. 根据下列案例所提供的情况,指出儿童在大动作和精细动作的发展状况,并设计适合的具体活动方案。

案例一:12个月的多多,大动作相当于13个月,精细动作相当于11个月。

案例二:18个月的萌萌,大动作表现为不扶东西可自己蹲下;精细动作表现为可以自发乱画,翻书不能一页一页翻。

案例三:23个月的迪迪,能坐在小三轮车上用脚踏板让车前进,能搭6～7块积木不会倒下来。

---

① 赵洲红,陈君贤,马梅.婴幼儿教养活动(19～24个月)[M].上海:复旦大学出版社,2010.

第
六
章

0～3 岁儿童动作发展障碍与调适

科学研究表明,导致儿童动作障碍的原因有多种多样,包括脑的结构功能损害和功能失调,以及环境因素与心理因素在动作障碍的产生和演变中的影响。

第一节　0～3 岁儿童动作发展障碍诊断

案例导入

　　宝宝将近六个月了,会认人,会玩躲猫猫,高兴的时候或见到熟人会非常兴奋地蹬腿,眼睛非常有神。大动作发展方面,宝宝可以翻身,身体会往两边侧翻;头可以竖起;爬行可以抬头,但时间不长;坐不稳,身体老向前倾。但是宝宝爬行抬头时,手不会主动伸出去抓玩具,拉坐头不稳,身体软,腿没有力气,不像别的小孩会站在大人身上一跳一跳的,但蹬腿的时候力气很大;不可以独坐;抱在手上宝宝喜欢贴在大人身上,自己身体能竖起来。从这个案例来看,宝宝智力发展属于正常现象,但是动作发育方面呢?一般来说五到六个月的宝宝能够扶坐较稳、可以在大人身上蹦跳、可以尝试去取玩具,而这个宝宝的动作发展则比同月龄的宝宝有所迟缓。刚出生的宝宝是通过自己的动作和感觉来认识这个世界,动作发育迟缓对于宝宝的发展有着严重的影响。因此,了解宝宝动作发育障碍及一些相关的调适方式具有非常重要的意义。

一、动作障碍的含义[①]

　　儿童动作协调问题在 20 世纪初就引起了研究者的注意。Orton 和 Gubbay 把这些儿童称为"笨拙的",他们有正常的智力,但动作技能存在障碍。Ayres 把某些学习障碍儿童中表现出来的行为笨拙称为发展性

① 孟祥芝,周晓林. 发展性协调障碍[J]. 中国心理卫生杂志,2002,(8):558—562

失用症。她认为这种障碍是动作计划和执行过程中表现出来的感觉统合失调。1994年Ontario倡议在伦敦召开学术会议,统一将本病命名为发育性运动协调障碍。发育性运动协调障碍指的是由于运动能力的不足导致日常生活能力和学习成就受到影响的一组神经发育障碍性疾病。

世界卫生组织编写的ICD-10中称动作协调障碍为"动作功能的特殊发展障碍",具体内容是:儿童在精细和粗大动作任务中动作协调显著落后于他/她的年龄和一般智力所预期的水平;最好以个别施测的标准化的精细和粗大动作协调测验评估;这种在协调上的困难应该在发展早期表现出来;动作笨拙通常与某种程度的时空认知任务成绩损伤有关。

美国精神病学会的DSM-IV把发展性协调障碍定义为"发展协调失衡",这种障碍可由以下五个特征诊断出来:肌肉协调的发展有明显的障碍;这种障碍的确影响了患者的学习和日常生活;协调困难并非源自一般的医学上的原因,如"大脑性瘫痪""偏瘫"或者"肌肉性失养症";非扩散性的发展障碍;如果患者同时有多种发展性迟缓,将会出现更多的肌动困难。

二、儿童动作障碍与动作迟缓的影响因素

目前对于儿童动作协调障碍的病因尚不明确,然而研究者从不同的角度,提出了一些可能导致动作障碍与动作迟缓的具体因素。

(一)神经生理因素[①]

在神经生理学研究方面,研究者主要应用设定视觉空间处理任务,通过影像学和神经生理学手段进行追踪检测,从而判断疾病发生机制,目前关于动作障碍的发病机制主要有下列五种假说。

大脑皮层在发育障碍性疾病中是最容易受损的部位,主要是皮层比其他脑组织发育成熟延迟。皮层结构损伤的儿童,其表现出的运动障碍与DCD儿童的运动障碍也非常相似。因此,研究者多认为皮层是DCD儿童协调障碍的主要原因。

小脑具有若干最基本的运动功能,小脑的问题通常是动作障碍的重要神经生理因素。在常见的动作障碍中,与小脑有关的症状包括震颤、大肌肉群精确性差异及手眼协调困难等。这些症状代表了一种轻度的小脑共济失调。

(二)孕产期因素

孕期的胎儿宫内窘迫史对儿童动作障碍存在影响。胎儿在宫内有缺氧征象危及胎儿健康和生命者称为胎儿宫内窘迫(fetal distress)。有国外研究显示,个体在子宫内的缺氧史可造成小脑的发育不良,从而导致出生后的运动能力障碍。母亲在怀孕期容易紧张,如果缺乏科学的运动,可能会给胎儿造成不良的体内环境,进而制约了胎儿动作的正常发展。如果母亲在孕期抽烟、喝酒、饮浓茶或浓咖啡,也会影响营养传输,造成胎儿大脑发育不足,引起出生后感觉和动作发育不良。[②]

(三)家庭环境因素[③]

有研究提示儿童的运动和认知障碍与家庭社会经济地位和家庭功能存在关联,家庭成员的个性特征,家庭的生活条件和生活方式,养育者的年龄都可能对儿童功能运动的发展产生影响。家庭的精神环境也可能通过影响孩子的心理而影响到儿童的动作发展。例如,一些幼儿处于比较严厉、专制的家庭环境中,由于未达到父母亲的期望而遭到斥责时,就会用动作笨拙来掩饰自己的恐惧、焦虑的情绪,并有可能认为自己就是"很笨的孩子",从而阻碍幼儿正常的动作发展。[④]

---

① 吴德,唐久来.发育性运动协调障碍的研究进展[J].中国儿童保健杂志,2013,(7):714—716.
② 唐敏,李国祥.0～3岁婴幼儿动作发展与教育[M].上海:复旦大学出版社,2011.
③ 花静,古桂雄,朱庆庆,王丽珍.发育性协调障碍儿童运动技能和家庭环境研究[J].中国实用儿科杂志,2008,(9):705—707.
④ 唐敏,李国祥.0～3岁婴幼儿动作发展与教育[M].上海:复旦大学出版社,2011.

（四）心理因素

儿童动作笨拙可能会招致同伴和他人的嘲弄或排斥,这会直接影响到儿童的自尊、自信心水平,阻碍其自我概念和社会性的正常发展,进而又会导致儿童以消极的态度或情绪反作用于周围的同伴群体或者是他所处的环境,在这种恶性循环中,儿童原先的动作障碍可能会日益加剧,甚至有些动作障碍就是其心理障碍的副产品。[①]

三、儿童动作障碍与动作迟缓的主要临床特点和诊断标准

（一）主要临床特点

儿童动作障碍与动作迟缓的主要临床特点表现在运动技能获得困难;感觉运动协调障碍;姿势控制能力弱;处理问题的计划策略存在问题;视觉空间信息处理过程障碍,这种影响可终生存在。许多动作障碍儿童同时伴有注意缺陷多动综合征、学习障碍、言语与语言障碍,同时可终生伴有情感、行为和社会交往障碍等症状。[②]

（二）诊断标准

针对儿童动作技能发展方面的障碍,国际上通常是采用美国精神病诊断分类标准:(1)运动协调能力低于年龄和智力测量的结果,可能有显著的运动发育里程碑落后(如,行走,抓握,坐着玩,松软,运动表现差,书写能力弱);(2)运动协调能力不足显著地影响了学习成就和日常生活;(3)排除因为慢性疾病导致(如脑性瘫痪、双瘫或者脊髓性肌萎缩等),也不符合广泛性发育障碍的标准;(4)如果存在智力缺陷,运动困难的症状要显著高于通常情况下智力缺陷所应有的运动障碍。

育儿宝典

一、大肌肉及平衡能力

1. 特别爱玩旋转的凳椅或游乐设施而不会晕倒。
2. 喜欢旋转或绕圈子跑而不晕倒。
3. 虽看到了仍常碰撞桌椅、旁人、柱子、门墙。
4. 行动、吃饭、敲鼓、画画时双手协调不良,常忘了另一边。
5. 手脚笨拙,容易跌倒,拉他时仍显笨拙。
6. 俯卧地板和床上,头、颈、胸无法抬高
7. 爬上爬下,跑进跑出,不听劝阻。
8. 不安地乱动,东摸西扯,不听劝阻,惩罚无效。
9. 喜欢惹人,捣蛋,恶作剧。

二、触觉敏感及情绪稳定

10. 对亲人特别暴躁,强词夺理,到陌生环境则害怕。
11. 害怕到新场合,常常不久就要离开。
12. 偏食,挑食,不吃青菜或软皮。

① 唐敏,李国祥.0~3岁婴幼儿动作发展与教育[M].上海:复旦大学出版社,2011.
② 吴德,唐久来.发育性运动协调障碍的研究进展[J].中国儿童保健杂志,2013,(7):714—716.

13. 害羞不安,喜欢孤独,不爱和别人玩。

14. 容易粘妈妈或固定某人,不喜欢陌生环境,喜欢恐怖镜头。

15. 看电视或听故事,容易大受感动,大叫或大笑。

16. 常吮吸手指或咬指甲,不喜欢别人帮助剪指甲。

17. 独占性强,不让别人碰他的东西,常会无缘无故发脾气。

18. 不喜欢同别人谈天或玩碰触游戏,视洗脸和洗澡为痛苦。

19. 过分保护自己的东西,尤其讨厌别人由后面接近他。

20. 怕玩沙土、水,有洁癖倾向。

21. 不喜欢直接视觉接触,常常用手来表达需要。

22. 对危险和疼痛反应迟钝或反应过于激烈。

23. 听而不见,过分安静,表情冷漠又无故嬉笑。

24. 过分安静或坚持奇怪玩法。

25. 喜欢咬人或常咬固定的友伴,并无故碰坏东西。

三、本体感及协调能力

26. 穿脱衣裤、扣纽扣、拉拉链、系鞋带,动作缓慢、笨拙。

27. 吃饭时常掉饭粒,口水控制不住。

28. 对小伤特别敏感,依赖他人过度照料。

29. 不善于玩积木、组合东西、排队、投球。

30. 怕爬高,拒走平衡木。

评分标准:

儿童表现的程度从1～5打分,1为"总是如此",2为"常常如此",3为"有时候",4为"很少这样",5为"从不这样"。

评分结果表格:

表6-1　儿童感觉统合能力发展评定量表

评定结果:	原始分	标准分
1. 前庭失调		
2. 触觉过分防御		
3. 本体感觉失调		
4. 学习能力发展不足		
5. 大年龄的特殊问题		

标准分:T

T≥40	正常
30<T<40	轻度
T≤30	重度

家长沙龙

动作发展障碍会影响宝宝未来学习吗?

根据研究显示,动作发展障碍儿童通常伴有其他形式的发展障碍。例如,大约50%的动作发展障碍儿童可能同时患有注意缺陷多动综合征(ADHD),学习障碍(Learning Disabilities)、语言和言语缺陷(Speech and Language impairments)也被发现与动作发展障碍有关。注意力缺陷可能导致儿童难以应付越来越繁重的学习任务,而学习障碍的典型表现就是阅读障碍、写作障碍和数学障碍。另外,动作发展障碍会影响儿童的精细动作能力,精细动作能力正是未来学习书写、绘画等技能的基础。

因此,动作发展障碍对儿童带来的影响不仅仅是运动、生活自理能力上的困难,也会影响儿童的学业成就,甚至可能因此进一步影响到儿童与其他同伴的社会交往。所以,及早对动作发展障碍的儿童开展早期干预,对于儿童未来的发展有着重要的作用。

第二节　0～3岁儿童动作发展障碍调适

案例导入

成成是个3岁的男孩,爸爸妈妈都是高级知识分子,企业的中层管理人员,因为忙事业,所以30多岁才生下他,为了选个"好日子"让他出生,当时妈妈特意要求医生给她剖腹产。但是成成出生以后,爸爸妈妈却发现他很难带,平时对于洗澡、洗脸都很抗拒,总是用手指尖拿东西。虽然已经3岁了,但是比起同龄的孩子,走起路来还是摇摇晃晃,似乎总是不稳。爸爸妈妈看见他的这些表现,很是着急。终于,爸爸妈妈带着成成去了儿童医院,医生说,成成有点感统失调,需要进行感觉统合训练。那么,什么是感统失调呢?感觉统合训练又是指什么呢?

针对动作发展障碍的儿童,目前常见的干预方式可以分为两种类型,第一类为问题处理式—缺陷取向干预,常见的有感觉统合训练,感觉动作干预;第二类为具体功能性技能的教学干预,例如具体任务教学或是神经动作训练。这两类的干预方式相辅相成,理论和实践研究表明均对儿童的动作发展障碍有效。[①]

一、感觉统合概述

感觉统合是指脑对个体从视、听、触、嗅、前庭等不同通路输入的感觉信息进行选择、解释、联系和统一的神经心理过程,是个体进行日常生活、学习和工作的基础。儿童的感觉统合能力随着年龄的增长而不断发展。在胚胎发育期,胚胎组织在母亲躯体活动的影响下以及自身胎位的变动和调整,胎儿的触觉、前庭平衡、本体感觉以及听觉等就已经在发展。在分娩的过程中,胎儿反复接受宫缩的挤压,完成多种体位变化,接受"入世"前非常系统的、高强度的感觉统合"训练",为"陆地生活"做好充分的准备。出生后,儿童的活动范围

---

① Zwicker, J. G., Missiuna, C., Harris, S. R., & Boyd, L. A. Develomental Coordination Disorder: A Review and Update [J]. *European Journal of Paediatric Neurology*, 2012,(16):573-581.

不再受到限制,主动探索能力在不断增强,他们的各种感觉系统与躯体各处的运动器官不断与外界进行互动,各种能力不断发展,从单纯的感觉刺激发展到脑干的初级感觉统合,即身体双侧的协调、手眼协调、注意力集中、情绪稳定及有意识活动,进一步发展到大脑皮质的高级感觉统合,即注意力、组织能力、自我控制、概括推理能力和学习能力,从而形成感觉—认知—运动功能的高级行为模式,对事物产生一个全面、完整的认识,调整机体各个部位去完成各项更为复杂的学习活动。0～3岁儿童的感觉统合能力发展处于初始阶段,个体初步发展各个领域的基本能力,开始具备与外界进行互动的动作、感觉、认知、言语及社交等基本能力。[①]

通常,感觉统合训练是通过对触觉、前庭觉和本体觉这三个感觉通路进行训练,并适当整合视觉、听觉等其他感官。

(一)触觉失调

触觉刺激伴随着个体学习生活的各个方面,但触觉训练主要是针对触觉敏感或是触觉迟钝的儿童进行的。触觉敏感的儿童表现为:厌恶或害怕接触自己的皮肤,怕用花洒洗澡、怕洗头、刷牙、剪指甲,抗拒接触浆糊、泥胶、害怕人多的地方等;触觉迟钝的儿童则通常表现为:对冷热反应分别不大,不察觉受伤,不察觉扭成一团的衣服。触觉异常经常出现在智力落后、孤独症、精神障碍及情绪与行为障碍儿童身上。

针对触觉功能进行的训练可以分为专项训练和伴随性训练。专项训练是以触觉刺激为主的专门训练,通常借助一些触觉刺激器具来实施,对受训儿童体肤刺激的范围较大,甚至是全身性的,例如使用触觉刷来刷儿童的全身。值得注意的是,触觉刷的使用应当在有经验的人指导下进行,否则容易造成儿童刺激过大等反效果。伴随性训练则是在儿童进行前庭觉、本体觉训练的同时,附带进行触觉训练,例如按压粗面大龙球和赤脚走粗面平衡木等。

(二)前庭觉失调

人体前庭系统主导着躯体平衡感和空间方位感的调控,并且参与对个体各种感觉信息的统整,躯体感知——运动的协调、注意力的调节,对脑功能整体发展有重要影响。前庭功能失调可以分为三种类型:前庭反应迟钝、前庭反应过敏和不断寻求前庭刺激。前庭反应迟钝的儿童表现为:好动、但动作笨拙,在体能活动中容易失去平衡,参与摇荡或旋转活动,从不头晕,容易跌倒;前庭反应过敏的儿童则表现为:害怕摇摆不定、双脚离地或头部倒置,害怕乘电梯,不喜欢旋转的活动;不断寻求前庭刺激的儿童表现为:对摇荡、旋转、变速的活动乐此不疲,不能安坐,不断变换姿势,喜爱将头部倒置。前庭功能失调在各类特殊儿童中都有出现,前庭训练可以徒手进行,也可以利用一些器械进行。

前庭器官的适宜刺激是躯体运动产生的加速度,包括旋转加速度和直线加速度。因此,针对前庭器官的训练可以通过旋转、滚动、荡摆、起落和震动、骤起急停、反射性调整以及上述六种方法的组合式刺激等进行。常见的前庭训练器械包括浪桥(秋千)类、滚筒类、滑梯、平衡木、独脚凳、大龙球等。需要注意的是,由于前庭训练不可避免出现躯体失衡,因此往往有一定的危险性,训练人员应该做好各种安全防护措施,防止在训练中出现意外。

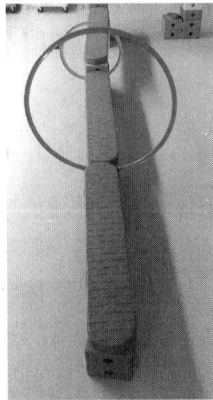

---

① 王和平.特殊儿童的感觉统合训练[M].北京:北京大学出版社,2011.

（三）本体觉失调

本体感觉系统感知自身躯体各部位所处的位置、肢体的运动方式、方向、幅度、速度等静态或动态的躯体动作要素。本体感觉训练对发展儿童的运动企划、提高动作的精细程度及不同肢体动作间的协调性有直接作用，它与前庭觉、视觉等感觉系统共同调控躯体平衡，并对儿童脑功能的发育、日常活动、学习活动以及成年后工作产生广泛影响。本体感觉失调主要分为本体反应迟钝和过度追求本体感刺激。其中本体反应迟钝的儿童表现为：碰伤撞伤若无其事，身躯好像很笨重，动作过慢；过度追求本体感刺激的儿童表现为：喜欢碰撞，喜欢咀嚼衣服、文具玩具等；喜欢把自己紧紧裹在棉被中。

分布于全身各处的各类本体感受器感受的是肢体静止与运动的变化情况，其适宜刺激是动作的基本属性，主要包括动作的方式、幅度、速度、节律性、力量大小、持续时长、动作间的配合和完成动作的体位等。因此，本体感觉训练的重点是各种运动方式以及肢体内或肢体间的动作协调。本体感觉的具体训练内容视儿童的感觉统合能力发展水平及其他伴随障碍的严重程度而定。对于障碍程度较轻的儿童，增加日常的室内外活动（非意识活动为主）就可以获得充分的本体感觉刺激，但是对于存在本体感觉功能发展迟缓的儿童或企图提高本体感觉功能的儿童而言，要加强有意识动作的训练，即儿童进行各种有明确目标的运动。训练中，儿童需要按照特定目标要求完成有控制的动作，如沿着直线行走、穿洞洞板等手眼协调活动、打乒乓球、跳绳、拍球等。训练目标越具体越小，儿童完成操作的动作控制就越精细，训练水平也就越高，比如投掷飞镖就比同伴间传接篮球的训练水平要高。

二、感觉统合训练的指导方法

（一）0～1岁感觉统合训练方法

胎儿在母体当中就已经经历了胎位变化和大量的触觉刺激，产道分娩的婴儿在分娩的过程中经历了产道的挤压。因此，新生儿实际上已经具备了初步的感觉统合能力。针对新生儿的感觉统合训练，应当主要从触觉和前庭觉开始。

1. 触觉训练

皮肤是人体最大的器官，上面分布着500多万个感觉细胞，能接受温度觉、触觉、痛觉等多种刺激，良性的皮肤刺激有利于儿童神经系统的发育。

新生儿出生24小时后就可以进行抚触训练了，因为新生儿在母体中，在分娩过程中，经常接收到皮肤刺激，因此刚出生的婴儿反而不会对抚触训练有太大的排斥。一般建议抚触训练在婴儿不烦躁、不饥饿时进行，因此可以选择洗完澡后、睡觉前、两次哺乳间。抚触温度最好在28度以上，如果环境达不到这个温度要求，则可以在半裸状态下有步骤地分部位脱衣，从头到脚进行抚触。

抚触前，家长或治疗师应做好准备工作，例如双手清洁，皮肤光滑，去掉首饰，指甲要短，以免划伤婴儿皮肤。另外，最好使用一些润肤液，这样有助于在抚触中起到润滑作用。抚触的过程也是亲子交流的过程，家长可以和孩子一边说话、唱歌，一边进行抚触。

抚触应该遵循从头到脚，从中间到两边，从前面到背面的规则，一开始可以先进行5分钟，以后逐渐延长至15～20分钟。

（1）头部抚触①

用两手拇指从前额中央向两侧滑动；

用两手拇指从下颌中央向外上方滑动；

两手掌面从前额发际向上、向后滑动，至后下发际，并止于两耳后乳突处，轻轻按压。

（2）胸部抚触

两手分别从胸部的外下侧向对侧的外上侧滑动。

---

① 于帆. 中国儿童感觉统合游戏（0～6岁）[M]. 北京：中国妇女出版社. 2011.

（3）腹部抚触

两手轮流以新生儿的脐部为中心顺时针方向按摩；右手指腹自新生儿右上腹滑向其右下腹并复原，再自右上腹滑向其左下腹，最后自右下腹经右上腹、左上腹滑向左下腹，如此重复。

（4）四肢抚触

轻轻抓住新生儿的一侧手臂，从上臂到手腕进行挤捏，并用手指按摩新生儿的手腕。

在确保新生儿手部不受到伤害的前提下，用拇指从新生儿手掌心按摩至手指。以同法按摩新生儿的另一侧上肢。

双手夹住新生儿的一侧手臂，做上下搓滚的动作。

轻轻挤捏新生儿的大腿、膝部、小腿，然后按摩踝部。

在确保新生儿的踝部不受到伤害的前提下，用拇指从新生儿的脚后跟按摩至脚趾。

双手夹住新生儿的腿做上下搓滚。

（5）手足抚触

两手拇指指腹从新生儿的手掌末端依次推向指端，并提捏各个手指关节。足与手相同。

（6）背部抚触

让新生儿呈俯卧位，两手分别置于其脊柱两侧，用指尖由中央向两侧按摩，然后手掌平放于新生儿的背部，沿脊柱方向从肩部到臀部进行按摩。

2. 前庭觉训练

母亲在怀孕期间运动不足、胎位不正、羊水过多都可能导致新生儿前庭失调，前庭失调会影响到儿童后期的注意力发展、平衡感、动作协调性等，因此在新生儿期对婴儿进行前庭觉训练有着深远的意义。下面以几个前庭刺激小游戏为例，介绍家庭中常见适用的前庭觉训练方法。[1]

（1）抱抱亲亲

宝宝刚刚出生，刚刚经历流动的羊水世界，因此对于外界轻柔的摇晃刺激比较享受。妈妈可以把宝宝抱起，轻轻摇晃，或放在摇篮里摇晃，让宝宝感受轻微的前庭刺激。由于宝宝仍然很脆弱，因此摇晃幅度不宜超过 5°，也不宜时间过长，一次 5～10 分钟为宜。

（2）爬呀爬

让宝宝俯卧在床上，前方放置小玩具，妈妈可以用手抵着宝宝的脚，促使宝宝往前爬。1 个月左右的宝宝，训练时间应该为 1 分钟左右，不可太长，否则容易导致宝宝颈、背太过疲劳。

（3）宝宝飞

3 个月以后，家长可以与宝宝玩"飞机"游戏。家长仰卧，将宝宝用手举起在空中，然后放下，或是缓缓让宝宝向"前""后"飞。游戏时间约为 5 分钟。

（4）左转右转

8～12 个月的宝宝，可以通过左右旋转的方式，来感受不同方向的前庭刺激。例如，家长让宝宝俯趴在被单上，接着拉起头部方向的被单角，然后慢慢将被单沿顺时针方向转 1～3 圈，稍作停留后，接着再逆时针转 1～3 圈，借以训练其前庭觉。

（二）1～2 岁感觉统合训练方法

宝宝过完一岁生日，身体的各项能力都有了极大的发展，从动作发展角度来看，一岁以后的孩子已经能够到处爬，甚至有的宝宝已经开始学习走路了。随着动作的协调性不断提高，需要提供更大的空间给他们探索。因此，针对 1～2 岁宝宝的感觉统合训练，也可以有更多的变化，除了继续对触觉和前庭觉进行训练之外，宝宝的本体感觉训练也成为一个重要的部分。

---

① 王萍.家庭中的感觉统合训练[M].北京:清华大学出版社,2011.

1. 触觉训练

1岁之后,宝宝有了更强的主动性,除了继续进行抚触训练之外,家长可以与宝宝玩挠痒痒、刷身体等游戏,也可以利用家庭中常见的淋浴喷头等刺激宝宝的皮肤。

（1）球池寻宝

家长可以准备一个大浴盆,里面放上半盆以上的海洋球,让宝宝在球池当中玩耍,起到按摩身体的作用。家长可以提醒宝宝在球池当中变换自己的身体姿势,例如"把小脚藏起来""把脑袋藏起来"。为了提高宝宝的兴趣,家长可以在球池中藏匿毛绒玩具或是触觉球,也可以在某些海洋球上标上号码,让宝宝在球池中寻找。在玩耍的过程中,家长应注意宝宝的安全。

（2）刷刷身

家长可以准备一把软毛刷和一把硬毛刷。首先使用软毛刷在宝宝的身上轻轻刷,由颈部开始,在前胸、后背、双臂、双脚反复刷。等到宝宝适应了软毛刷的触感,家长可以换用硬毛刷在宝宝身上轻轻刷,让宝宝说出两种刷子的不同感觉。刷的过程中应注意观察孩子的表现,如果孩子表现出愉快的表情,则可以继续,如果孩子出现负面情绪,则应当立即停止。除了使用刷子之外,家长还可以采用触觉球对宝宝进行刷身体训练。

2. 前庭觉训练

随着宝宝的移动范围变大,宝宝的前庭训练也不再局限于摇篮、床上,而是可以在室内外进行,下面介绍几种常用的前庭觉训练方法。

（1）拉车车

准备一辆小拖车,让宝宝坐在拖车上,家长拉着绳子的一端,四处走动,可以走直线,也可以转圈走。在行走的过程中,家长应注意宝宝的身体已经坐稳,以免从车上翻下来。

（2）跷跷板

跷跷板也是民间常见的游乐设施,家长可以把宝宝固定在跷跷板的一侧,自己压跷跷板的另一侧,让宝宝在跷跷板上体验上上下下的感觉。家长可以根据孩子的情况,变换压板的速度,速度一般是由慢变快。在延伸训练中,家长可以把跷跷板放平,让宝宝放开双臂,做飞翔的姿势,然后再慢慢上下移动跷跷板。在按压跷跷板的过程中,家长一定要注意宝宝的身体固定,防止摔落。另外,可以在地上放上地垫,作为缓冲。

（3）百变滚滚球

家长准备一个大龙球,大小依据儿童的身体而定。大龙球的玩耍方式很多,家长可以让宝宝坐在球上,扶住孩子的身体让他上下弹跳,也可以让宝宝俯卧在大龙球的顶部,双手拉住宝宝的双脚,让他前后滚动。在滚动的过程中,家长一定要注意宝宝的安全,另外,前后滚动对于宝宝的前庭觉刺激较强,也应当注意宝宝的反应,如果宝宝表现出惧怕,应当暂停,而不应强迫宝宝进行训练。

3. 本体觉训练

本体感是个体的全身肌肉关键的感觉输入后,神经组织和大脑长期协调形成的深度知觉,能告诉我们关于位置、力量、方向和身体各部位的动作。例如,我们不需要照镜子就能够找到自己的眼睛、鼻子,不需要看着楼梯就能够上下楼。因此,1～2岁宝宝的本体觉训练主要是针对自己身体部位的感知以及初步的协调训练。

（1）摸一摸

家长坐在宝宝的对面,训练宝宝摸自己身体的部位,家长喊口令,宝宝摸相应的位置。例如,家长说"摸摸眉毛",宝宝要马上摸自己的眉毛。为了提高游戏的难度,家长可以吩咐宝宝换一只手来摸,使用自己不常使用的手。

（2）升降机

家长仰卧,腿部弯曲,让宝宝趴在弯曲的小腿上,家长拉住宝宝的手,家长的小腿上下、左右移动,将腿部抬得高一些,可以作为进阶动作。

（3）背部运球

将玩具或球放置在宝宝身体的一侧,让宝宝用手从背后将玩具或球运至身体的另一侧。背部运球可以结合"猜猜哪边手"的游戏。

（4）猜猜哪边手

此游戏应由家长首先示范,宝宝猜,然后让宝宝做,家长猜。将小玩具（大小为可以藏在握住的手掌内）放置在手上展示给对方看,然后将玩具藏于身后变换玩具在手上的位置。再一次将手放在面前,让对方猜玩具在哪边手。

（三）2～3岁感觉统合训练方法

2～3岁的儿童身体各部分感觉统合能力进一步发展,动作协调性更加好,因此可以采用综合性的感觉统合训练。例如,将触觉、前庭觉、本体觉的训练结合起来,甚至进一步结合视觉、听觉等训练。下面,以器械为例,说明如何进行综合的感觉统合训练。

1. 球类综合训练

（1）大龙球滚压

儿童仰卧或俯卧于地面,训练人员将大龙球放在儿童躯体上做动态的滚动和静态的按压,对于儿童的触觉有较好的训练。

（2）仰卧大龙球

儿童仰卧或俯卧于大龙球上,训练人员双手抓住儿童的双脚,带动儿童前后滚动,选用带触觉刺激的大龙球,可以同时进行前庭平衡觉、本体觉和触觉的训练。

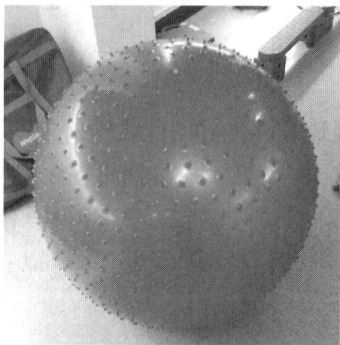

2. 滑板类

（1）卧滑

儿童俯卧,腹部位于滑板上,手脚前后伸直抬起,头抬起,训练人员扶着儿童的臀背部辅助其滑下滑梯。卧滑对于儿童的前庭觉和身体协调有较强的刺激。

当儿童还没有准备好从滑梯上滑下时,可以让其在平地上滑。同样使儿童俯卧于滑板上,让其腿抵着墙壁,用腿的力量往前蹬,帮助身体向前滑。

（2）旋转滑

儿童坐在可旋转的滑板上,头低下,训练人员旋转儿童的身体,转10圈左右,然后将儿童扶起,坐回位置。旋转滑对于儿童的前庭觉有很好的刺激作用,但是具有一定的危险性,儿童容易发生晕眩现象,因此训练人员应当特别注意。

3. 平衡木类

训练宝宝在触觉平衡木上正行、侧行,或是持球、持圈行走,走完平衡木之后可以进行投球、投圈活动。触觉平衡木的花样走能够综合训练宝宝的触觉、平衡觉以及本体觉,促进宝宝身体的协调性发展。如果要提高平衡木的难度,可以选用不同高度的平衡木,或是S形、半圆形的平衡木,以增加儿童调整身体姿势的机会。

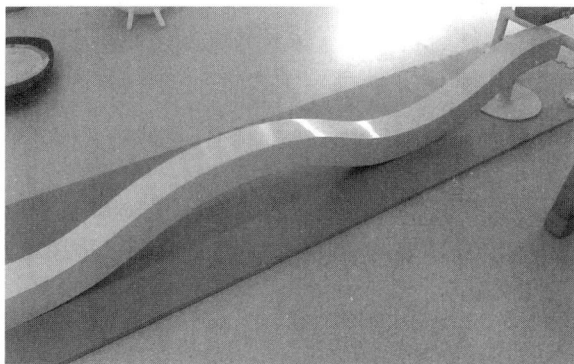

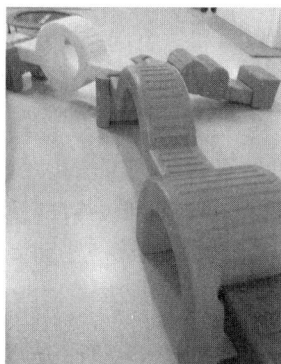

4. 浪桥类

（1）荡吊马

吊马类似于秋千,但是形状为横置的圆柱体,只有两端用绳子固定吊在横杆上,因此,儿童趴在吊马上时需要紧紧抱住吊马。训练开始时,训练人员可以前后、左右多种方向摆动吊马,注意摆动的速度应从慢到快。荡吊马时应注意儿童的安全,防止儿童掉落。荡吊马主要训练儿童的前庭觉和本体觉,辅以触觉训练。

（2）摆荡投接球

摆荡投球要利用吊台、触觉球、小筐等设备。训练开始时,儿童要固定坐在吊台上,训练人员轻轻摇动吊台,当儿童在吊台上左右摇摆时,训练人员将一个触觉球递给儿童,让他投入小筐中,由于儿童年龄较小,小筐可以放置在较近的位置。摆荡投接球综合训练儿童的前庭平衡觉、本体觉、视—动协调,辅以触觉刺激。

（图片来自香港协康会网站）

三、动作矫正与调适

由于动作发展障碍的儿童往往表现出动作的不协调,对于空间知觉、声音刺激不敏感,因此在进行训练指导时,可以针对这些具体困难展开。下面根据不同年龄段,提出一些具体的矫正与调适方法。

（一）0～1岁新生儿视、听、动作协调训练

1. 洋娃娃在哪里

宝宝仰卧,家长手拿一个洋娃娃,从近向远,从左至右移动,训练宝宝的追视,也可以选用其他宝宝喜欢的玩具,让宝宝尝试用手去拿玩具。

宝宝俯卧,家长将洋娃娃放在离宝宝1米远的地方,宝宝需要抬头才可看到洋娃娃,家长可鼓励宝宝向前爬行拿取洋娃娃。

2. 听音乐,拍一拍

家长可播放一些节奏感较强的音乐,随着音乐在宝宝背上轻拍,也可由家长握着宝宝的手,带动宝宝一起跟节拍拍手。若宝宝很兴奋,也可让宝宝模仿家长拍的动作,跟着节奏拍。

（二）1～2岁学步儿视、听、动作协调训练

1. 向目标滚球

家长可以和宝宝对坐,各自将双腿分开,相距60厘米,把球滚动给宝宝,把宝宝的手放在球上,帮助宝宝将球滚回给自己,逐渐延长家长与宝宝的距离,只要宝宝有进步,就要及时夸奖。也可以让宝宝对着镜子坐,将球滚向镜子里的自己。

2. 套圈圈

准备四个套圈和一个用来套圈的目标物(如洋娃娃、机器人)。家长首先示范将圈套住目标物,然后将套圈给宝宝,扶着宝宝的手到目标物上方,帮助宝宝套圈并鼓励宝宝。宝宝的动作熟练后,家长应减少帮助。

3. 锅碗瓢盆进行曲

准备锅、铲子、各式盒子、各种材质的勺子、打蛋器和砧板,让宝宝先试着敲打锅碗瓢盆,制造出音色高低不同的声响。家长可以挑选一些宝宝平时喜欢的童谣或是歌曲,到时和宝宝一边唱一边用小道具增加特殊的音响效果。[①]

(三)2～3岁儿童视、听、动作协调训练

1. 高个、矮个

家长向孩子说明规则,孩子为"高个",爸爸或者妈妈为"矮个"。爸爸或者妈妈与宝宝面对面而站,另外一个人站在旁边说口令。喊"高个"的时候,孩子双手上举,踮起脚尖;喊"矮个"的时候,父母双腿半蹲,两手扶膝,就像蹲马步一样。

2. 萝卜蹲

爸爸与孩子分成两组,妈妈作为发号施令的裁判,孩子代表红萝卜,爸爸代表白萝卜。妈妈喊口令:"红萝卜蹲,白萝卜不蹲。"孩子要快速蹲下,而爸爸需要快速站起来,未按口令做的算失败,也可以由孩子发令,家长做动作。

3. 跟着音乐做动作

家长可以选择带有模仿动物声音的音乐或是节奏较为鲜明的音乐,带领孩子一起跟着音乐做动作。可以由家长先示范动作,让宝宝跟学,也可以由宝宝和家长一起创编动作。

育儿宝典

辅助的运用

不论是感觉统合训练还是动作矫正训练中,宝宝一开始往往很难做出正确的动作,或是难以领会家长的意思。特别是3岁以内的宝宝,理解力还不太强,家长通过讲解和示范往往无法让孩子马上学会要求的动作,更不用说达到动作的标准。因此,家长在训练中的辅助就很有必要了。

辅助可以分为身体完全辅助、身体部分辅助、手势辅助、指示辅助等。这些类型是以辅助程度从大到小划分的。一般来说,宝宝刚学动作时需要完全的身体辅助,也就是爸爸妈妈手把手教宝宝做动作。当宝宝动作慢慢熟练,爸爸妈妈就可以让宝宝独立做大部分的动作,只有当难点出现时,才提供手把手的辅助,也就是部分辅助。当宝宝的动作进入下一个阶段,可以自己独立完成时,家长可以使用手势来提醒宝宝,或是采用指示来说明自己的要求。最后,则是要完全停止辅助,让宝宝独立完成一整个动作。

辅助在宝宝学习一个新的动作技能上有着重要的作用,但是,家长不能长期辅助宝宝,以免宝宝产生依赖心理,反而妨碍了宝宝的动作发展。

[①] 于帆. 中国儿童感觉统合游戏(0～6岁)[M]. 北京:中国妇女出版社. 2011.

家长沙龙

摇晃宝宝的利与弊

在感觉统合训练中,前庭觉的训练是非常重要的一个部分,而为了刺激孩子的前庭平衡觉,训练人员往往要破坏孩子的平衡而做出一些摇摆、旋转的动作。然而,前庭平衡的训练有一定的危险性,需要家长特别注意。

1. 前庭失衡的危险

通过旋转、摇摆等方式来刺激宝宝的前庭觉,势必要出现一些身体失衡的情况,家长和训练人员应特别注意宝宝身体失去平衡后的安全问题,例如提前准备一些软垫、网兜,以便及时接住宝宝。

2. 过度摇晃的危险

0～3岁宝宝的颈部、大脑仍然十分脆弱,不能承受巨大的摇晃刺激,因此力度过大的摆荡可能会导致宝宝的脑损伤。临床上有婴儿摇晃综合征(Shaken infant syndrome),是指瞬间以不当的方式剧烈摇晃婴幼儿,或长时间的快速摇晃婴幼儿,造成其脑部伤害,甚至死亡。临床病例多发生于0～4岁的婴儿或幼小儿童,但主要好发对象为0～8个月大的婴儿。因此,家长在为宝宝做训练时,要注意力度的控制,防止出现不必要的危险。

【反思与实践】

1. 查找资料:随着儿童的成长,感觉统合失调会如何影响儿童的成长? 容易进一步带来什么问题?

2. 观察一个2～3岁感觉统合失调儿童的视频,分析儿童有哪些感觉统合失调表现,并为其设计感觉统合训练的活动。

3. 参观早教机构,并实际调查目前的感觉统合训练现状。

参考文献

1. 楼必生. 科学教育:先学前期儿童潜能开发[M]. 西安:陕西师范大学出版社,2000.

2. 信谊基金出版社. 亲子创意游戏365.[M]. 上海:华东师范大学出版社,2001.

3. 韩棣华. 0~3岁孩子成长的关键期[M]. 北京:北京出版社,2004.

4. 董奇,陶沙. 动作与心理发展[M]. 北京:北京师范大学出版社,2004.

5. 北京红黄蓝教学研究中心. 多元智慧培养亲子游戏100例[M]. 北京:中国宇航出版社,2005.

6. 李杨. 从0岁开始的教育[M]. 北京:中国社会科学出版社,2006.

7. 李俐. 零点起步——亲子园活动方案.[M]. 南京:南京师范大学出版社,2006.

8. 邓静云,童梅玲,胡幼芳. 婴儿运动能力的发展与训练.[M]. 北京:中国人口出版社,2007.

9. 张凡. 宝宝智力开发游戏.[M]. 北京:中国人口出版社,2007.

10. 林敬. 图解婴幼儿智能开发百科[M]. 北京:中医古籍出版社,2009.

11. 韩棣华. 0~3岁儿童心理与优教[M]. 上海:上海科学普及出版社,2009.

12. 陶红亮. 0~3岁婴幼儿游戏方案[M]. 长春:吉林科学技术出版社,2010.

13. 李俊,马梅. 婴幼儿教养活动(13~18个月)[M]. 上海:复旦大学出版社,2010.

14. 赵洲红,陈君贤,马梅. 婴幼儿教养活动(19~24个月)[M]. 上海:复旦大学出版社,2010.

15. 张丽华,张梅,李俊,马梅. 婴幼儿教养活动(25~36个月)[M]. 上海:复旦大学出版社,2010.

16. 王如文. 0~3岁宝宝营养保健早教大百科.[M]. 长春:吉林出版集团有限责任公司,2010.

17. 本书编写组. 0~3岁婴幼儿早期教育家长指导手册[M]. 福州:福建人民出社,2010.

18. 林吟玲. 儿童教养指导手册[M]. 厦门:厦门大学出版社,2011.

19. 李利. 蒙台梭利解读儿童敏感期[M]. 北京:化学工业出版社,2011.

20. 福建泉州幼儿师范高等专科学校. 亲亲宝贝[M]. 福建省南片区0~3岁儿童早教优秀案例汇编,2011.

21. 唐敏,李国祥. 0~3岁婴幼儿动作发展与教育[M]. 上海:复旦大学出版社,2011.

22. 王和平. 特殊儿童的感觉统合训练[M]. 北京:北京大学出版社,2011.

23. 于帆. 中国儿童感觉统合游戏(0~6岁)[M]. 北京:中国妇女出版社.2011.

24. 王萍. 家庭中的感觉统合训练[M]. 北京:清华大学出版社.2011.

25. 周念丽. 0~3岁儿童观察与评估[M]. 上海:华东师范大学出版社,2013.

26. 孟祥芝,周晓林. 发展性协调障碍[J]. 中国心理卫生杂志,2002,16(8).

27. 吴德,唐久来. 发育性运动协调障碍的研究进展[J]. 中国儿童保健杂志,2013,21(7).

28. 花静,张郦君,古桂雄等. 儿童发育性协调障碍孕产期危险因素的初步探讨[J]. 中国儿童保健杂志,

2010,18(11).

29. 花静,古桂雄,朱庆庆等.发育性协调障碍儿童运动技能和家庭环境研究[J].中国实用儿科杂志,2008,23(9).

30. 搜狐母婴.幼儿上下楼梯的发展.http://baobao.sohu.com/20040720/n221092665.shtml,2004(7).

31. 李惠渝.18～36个月婴幼儿精细动作游戏材料的设计与应用.http://wenku.baidu.com/view/a956885c3b3567ec102d8a19.html,2008(11).

32. 新浪网.幼儿期体格与体能的发育.http://baby.sina.com.cn/health/09/2303/0856133884.shtml,2009(3).

33. 中国早教网.婴儿学走路牵手莫忘护 http://www.zaojiao.com/2010/0527/132210.html,2010(5).

34. 0～6岁儿童每月生长发育指标.百度文库 http://www.tianjinwe.com/tianjin/tjcj/201201/t20120110_4955358.html.

35. 1～3岁宝宝智力测试.百度文库 http://wenku.baidu.com/view/d3c40d1a59eef8c75fbfb3a8.html.

36. Sugden, D. Current approaches to intervention in children with development coordination disorder [J]. *Dev Med Child Neurol*, 2007.

37. Zwicker, J. G., Missiuna, C., Harris, S. R., & Boyd, L. A. Develomental Coordination Disorder: A Review and Update [J]. *European Journal of Paediatric Neurology*, 2012(16).

图书在版编目(CIP)数据

0~3岁儿童动作发展与训练/陈雅芳总主编;陈春梅主编.—上海:复旦大学出版社,
2014.8(2024.1重印)
普通高等学校早期教育专业系列教材
ISBN 978-7-309-10846-0

Ⅰ.0…　Ⅱ.①陈…②陈…　Ⅲ.婴幼儿-早期教育-幼儿师范学校-教材　Ⅳ.G61

中国版本图书馆 CIP 数据核字(2014)第 162379 号

0~3岁儿童动作发展与训练
陈春梅　主编
责任编辑/查　莉

复旦大学出版社有限公司出版发行
上海市国权路 579 号　邮编:200433
网址:fupnet@ fudanpress.com　http://www.fudanpress.com
门市零售:86-21-65102580　　团体订购:86-21-65104505
出版部电话:86-21-65642845
上海崇明裕安印刷厂

开本 890 毫米×1240 毫米　1/16　印张 7.75　字数 249 千字
2024 年 1 月第 1 版第 14 次印刷

ISBN 978-7-309-10846-0/G·1392
定价:35.00 元